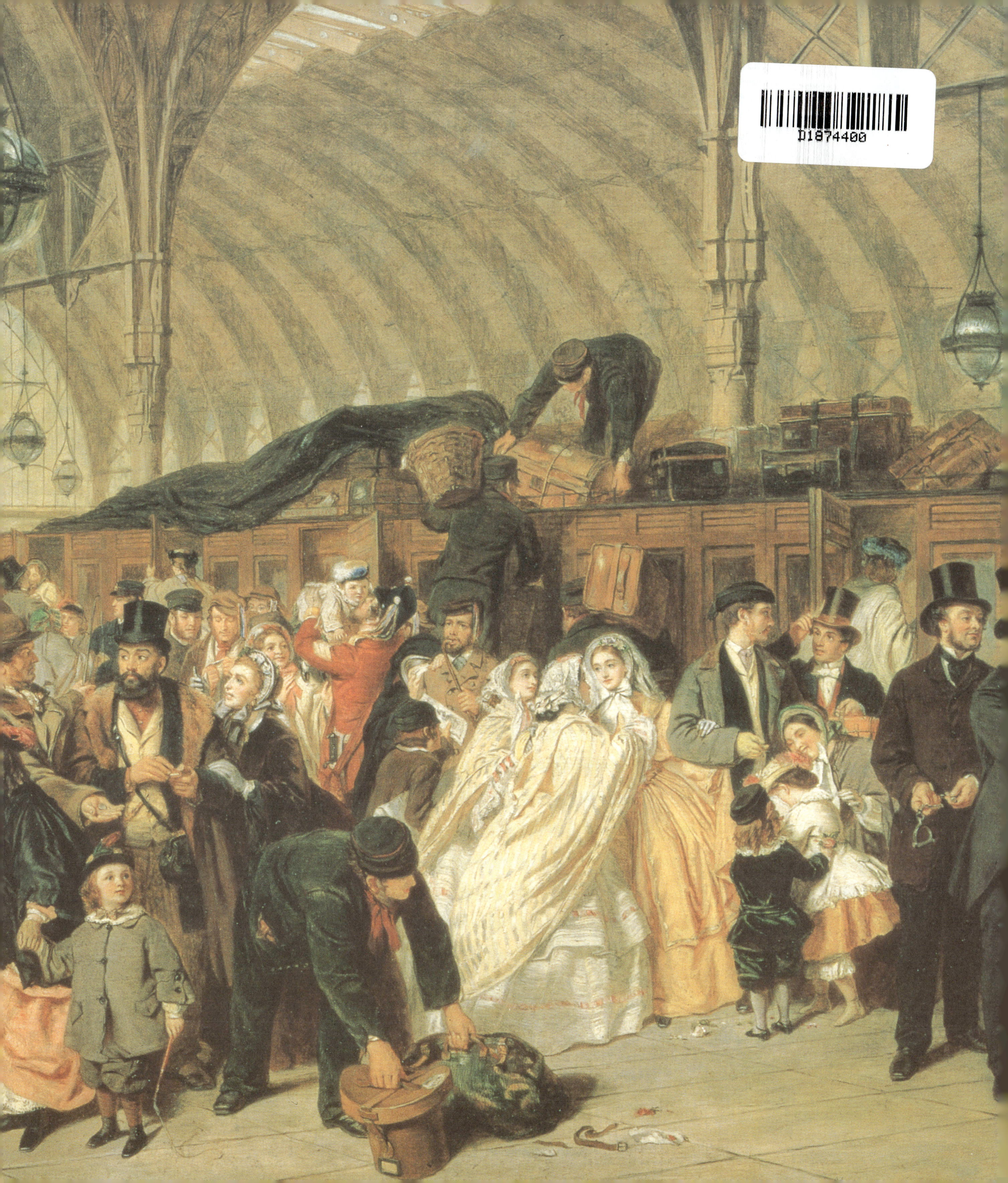

Die 26 schönsten
EISENBAHNREISEN
der Welt

»Hierin glaube ich, liegt der besondere Reiz des Eisenbahnfahrens. Der Zug gleitet so fließend und bedrängt die Landschaft, durch die er uns trägt, so wenig, dass unser Herz erfüllt wird von der friedlichen Stille des Landes; und während der Körper in der fliegenden Wagenkette vorangetragen wird, verweilen die Gedanken, getragen von ihrer Stimmung an einsamen Stationen; sie eilen die Pappelallee hinauf ins Dorf; und bleiben mit dem Stellwerkswärter zurück, der, die Hand Schatten spendend an die Stirn erhoben, dem Zug nachsieht, den die goldschimmernde Ferne fortschwemmt.«

Aus »ORDERED SOUTH«
von Robert Louis-Stevenson

TOM SAVIO

Die 26 schönsten EISENBAHNREISEN der Welt

CHRISTIAN VERLAG

Aus dem Englischen übersetzt von Helmut Ertl
Redaktion und Herstellung: via-Redaktion
Satz: Carmen Marchwinski
Umschlaggestaltung: Horst Bätz

www.christian-verlag.de

Die Originalausgabe mit dem Titel *The World's Great Railway Journeys*
wurde erstmals 2001 im Verlag New Holland Publishers (UK) Ltd, London, veröffentlicht.

Design: Geraldine Cupido

Druck und Bindung: Tien Wah Press (Pte) Ltd, Singapur
Printed in Singapore

ISBN 3-88472-526-2

TITELSEITE: *Der »Chemin de Fer du Vivarais« befördert Touristen durch eine wunderschöne Landschaft westlich des Rhônetals in Südfrankreich.*

RECHTS: *Ein Blick vom Laufbrett des Kopfwagens auf eine Lokomotive der Norwegischen Staatsbahn – Norges Statesbaner.*

FOLGENDE DOPPELSEITE: *Auch im tiefsten Winter ist die Furka-Oberalp-Bahn im Einsatz.*

11.2092
NSB

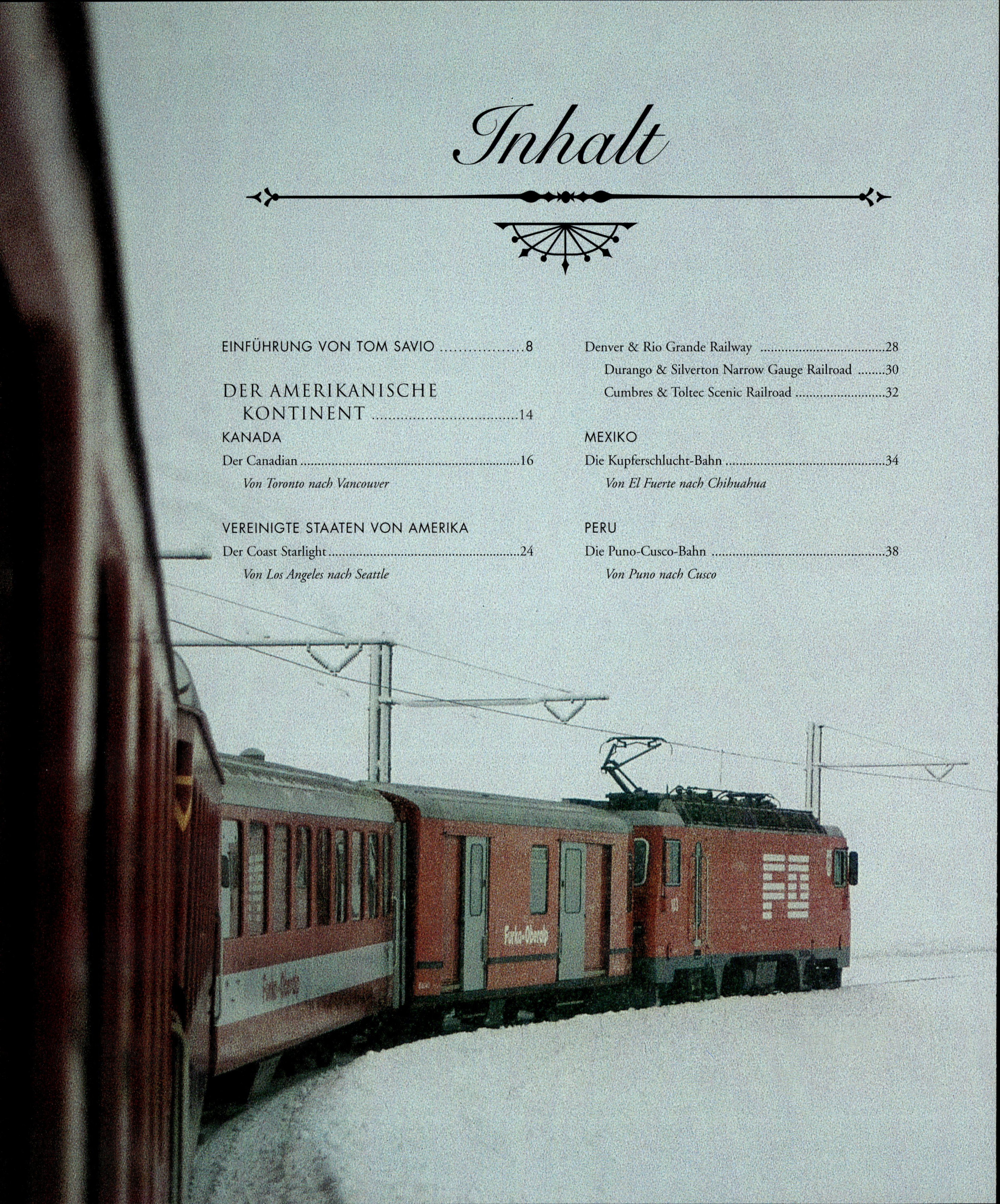

Inhalt

Einführung

DIE SCHÖNSTEN EISENBAHNREISEN DER WELT

Willkommen an Bord! Nehmen Sie Platz und erleben Sie die berühmtesten und aufregendsten Eisenbahnfahrten der Welt, ganz bequem zurückgelehnt in Ihren Fauteuil. Vielleicht entdecken Sie dabei Ihre Reiselust und werden bald selbst ein passionierter Reisender auf Schienen. Obgleich Ihnen die Menschen und großartigen Landschaften nicht live begegnen, werden die Gesichter und Bilder, die vor Ihrem geistigen Auge entstehen, zu Ihrem eigenen imaginären Reiseerlebnis. Lassen Sie also Ihrer Fantasie freien Lauf und begleiten Sie uns auf den faszinierendsten Eisenbahnreisen der Welt.

Wie reich mein Erfahrungsschatz ist, wurde mir erst kürzlich wieder bewusst: Auf der Jungfernfahrt des *Acela Express* konnte ich auf Anfrage eines Fernsehreporters bei Tempo 220 km/h mit einem Blick aus dem Fenster sagen, wo wir uns gerade befanden und sogar noch etwas zur Historie des Streckenabschnitts beitragen. Auf der Amtrak-Nordostverbindung passierten wir gerade die berühmte Doppel-S-Kehre am Bahnhof von Elizabeth, New Jersey. Ich erzählte, wie meine Karriere als Eisenbahnfan vor vierzig Jahren an genau diesem Ort begonnen hatte. Damals war ich auf einen eingefleischten Bahnenthusiasten gestoßen und hatte das erste Mal von der weltweiten Verbreitung dieser »Zunft« gehört, die es sich zur Aufgabe gemacht hat, die kultivierteste Form des Reisens zu bewahren: das Bahnfahren.

Was als Hobby begonnen hatte, wurde bald mein Beruf – und meine Berufung: als Bahnhofsvorsteher, Kurator eines Eisenbahnmuseums, Führer einer polnischen Dampflokomotive und Reisejournalist. Als ich während eines meiner kanadischen Bahnabenteuer in einer Bar in Kamloops, British Columbia, in epischer Breite über den »Kreuzfahrtzug« *Rocky-Moutaineer* schwärmte, krönte mich ein verblüffter Bahnbeamter zum »Eisenbahnbaron des 19. Jahrhunderts«. Diesen Titel trage ich bis heute.

Damit Sie in den Lokschuppen und auf den Bahnsteigen der Welt nicht gleich als Neuling enttarnt werden, sollten Sie sich vor ihrer ersten Tour mit einigen Grundbegriffen vertraut machen: Lokomotiven, Spurkränze, Spurweiten … Seit Andrew Lloyd Webbers »Starlight Express« ist allgemein bekannt, dass es Lokomotiven, ebenso wie Eiscreme, in drei »Hauptgeschmacksrichtungen« gibt – als Dampf-, Diesel- oder Elektroloks. E-Loks sind am schnellsten und leistungsfähigsten, sehen jedoch aus wie rollende Backsteine. Außerdem sind sie teuer und nahezu geräuschlos, also unter Tempo 290 km/h eher langweilig. Dieselloks bringen es gerade mal auf 160 km/h, sind weniger zugkräftig, erinnern ebenfalls an Backsteine und stinken obendrein. Auch nicht besonders aufregend. Dampfloks hingegen sind in-

LINKS: *Zum 100. Geburtstag der »Stockton & Darlington Railway«, der ersten öffentlichen Bahnlinie der Welt, spielt eine fröhliche Schauspieltruppe anno 1925 eine Szene aus den frühen Tagen der Eisenbahn.*

effizient, rußig, stoßen Unmengen von Qualm aus, haben riesige Treibräder, ein durchdringendes Pfeifen und in Nordamerika auch schrille Glocken. Kurz gesagt: Dampfloks sind – wie Schokoladeneis – das Nonplusultra.

Zugräder sind an der Innenkante der Laufflächen mit Spurkränzen versehen, die den Zug auf den Schienen halten und durch tückische Weichen und Kurven manövrieren. Die Spurkränze steuern demnach den Zug – und nicht wie gemeinhin angenommen der Lokführer. Dies, so stellte ich einmal fest, war selbst einem Bahnangestellten unbekannt, der noch nie einen Blick unter einen Zug riskiert hatte, um zu sehen, wie er eigentlich funktionierte!

Als Spurweite bezeichnet man den Abstand zwischen den Innenkanten der Schienenköpfe. Als Standardmaß etablierte sich das britische Urmaß von 1,435 Metern, was nicht verwundert, waren doch die Briten die Pioniere im Eisenbahnbau und ersten Exporteure dieser Technik. Das seltsame Maß der *Normalspur* setzte sich vermutlich durch, weil es bereits eine gängige Spurweite für Pferdewagen war, deren Konstrukteure später Bahnwaggons bauten. Kleinere Spurweiten werden Schmalspur genannt. In den USA misst sie 0,914 Meter, in Europa einen Meter *(Meterspur)* und im einstigen British Empire 1,067 Meter *(Imperial Gauge)*. Schmalspurbahnen sind preiswerter im Bau, können allerdings nur geringere Lasten transportieren. Spurweiten, die das Normalmaß überschreiten, heißen Breitspur. Diese findet man vor allem in der ehemaligen Sowjetunion, auf der Iberischen Halbinsel, in Indien und Australien. Breitspurbahnen sind in der Regel sehr leistungsstark und für Schwertransporte geeignet. Dafür sind sie oft kostspieliger und beanspruchen mehr Land. Die meisten Züge können erst nach dem Umrüsten der Radsätze auf anderen Spurweiten eingesetzt werden.

Als George Stephenson anno 1825 mit der *Stockton & Darlington Railway* die erste öffentliche Bahnlinie der Welt in Nordengland in Betrieb nahm, löste er damit eine Revolution aus. Obwohl es bereits im Mittelalter primitive Schienenfahrzeuge gegeben hatte – man bewegte lorenähnliche Karren auf grob gehauenen Kufen –, begann der Siegeszug der Bahn als öffentliches Verkehrsmittel erst mit der Erfindung der Dampflokomotive zu Beginn des 19. Jahrhunderts. Rohstoffe, Handelswaren und auch die breite Masse des einfachen Volkes konnten nun schnell und billig über große Entfernungen auf dem Schienenweg transportiert werden. Industrie und Handel expandierten in alle Himmelsrichtungen, Menschen mit innovativen Ideen erreichten vorher unzugängliche Teile der Erde. Selbst Pflanzen oder Tiere, die oft unfreiwillig als blinde Passagiere mitreisten, verbreiteten ihren Genpool über den Globus. Die Erfindung der Eisenbahn war die größte Leistung der industriellen Revolution, die nun ihrerseits noch schneller und weiter vorangetrieben wurde. Es war ein perfektes Zusammenspiel.

Ganz Großbritannien wurde vom Eisenbahnfieber, der *Railwaymania,* gepackt. Rivalisierende Gesellschaften wetteiferten im Bau immer neuer Strecken, ohne Kosten oder voraussichtliche Fahrgastzahlen ins Kalkül zu ziehen. In dieser Zeit entstanden unglaubliche Kuriositäten der Technik. Das erstaunlichste Beispiel ist die aberwitzige *Midland's Settle & Carlisle Line* durch das unwirtliche Gebirge der Pennines in den nordenglischen Midlands. Als »The Long Drag«, »der mühsame Anstieg«, ging die Strecke als eines der größten Abenteuer in die Annalen der Eisenbahn ein.

Natürlich waren die Briten nicht die einzigen, die verrückte Ideen verwirklichten. So hatte sich der Amerikaner und religiöse Eiferer Albert Kinsey Owens beispielsweise in den Kopf gesetzt, mit dem utopischen Projekt der *Kansas-City, Mexico & Orient Railway* den Mittleren Westen Amerikas über die Pazifikküste Mexikos mit Ostasien (!) zu verbinden – ein verwegenes Unterfangen und letztlich eine finanzielle Katastrophe. Heute zeugen nur noch vereinzelte rostige Überreste nördlich des Rio Grande von diesem ehrgeizigen Plan. Im mexikanischen Chihuahua trotzen jedoch noch immer die robusten Wagen des *El Chepe* 39 Brücken, zahllosen Tunnel und waghalsigen Kehren am Rande des atemberaubenden Cañón del Cobre – einer Schlucht, die länger und tiefer ist als der Grand Canyon in Arizona.

Obwohl die Erfolgsgeschichte der Bahn in Großbritannien begann, hatte sie in den kaum erschlossenen Regionen von Afrika, Asien, Australien, Ozeanien und auf dem amerikanischen Kontinent weit nachhaltigere Auswirkungen. Hier legte sie vielfach erst den Grundstein für die Erschließung natürlicher Ressourcen sowie für den Handel und die Gründung von Städten. Großbritanniens Infrastruktur, vor allem das schiffbare Kanalnetz, hatte sich hingegen im Zuge der Urbanisierung über Jahrhunderte entwickelt.

Stolz erklimmen einige der grandiosen Dampfrösser aus der Pionierzeit noch heute und teilweise auf Originalstrecken die Berge von Colorado, New Mexico, Pakistan und Indien. *Durango & Silverton* sowie *Cumbres & Toltec* sind die letzten Schmalspurverbindungen in Colorado. Sie stammen aus einer Zeit, als in den Rocky Mountains überall der Lockruf des Silbers widerhallte. Im Nordwesten Pakistans ächzen alte Dampfloks unermüdlich die Breitspurtrasse durch die unwirtlichen Berge hinauf zum sagenumwobenen Khyber-Pass. Trotz ihrer spektakulären Streckenführung waren die Bahnen solide gebaut, vergleicht man sie etwa mit der eher zerbrechlich anmutenden Darjeeling-Bahn. Von den britischen Kolonialherren auf der Suche nach einer erfrischenden Zuflucht vor der Gluthitze des indischen Sommers gebaut, schraubt sich die Strecke in den kühlen Himalaja hinein.

Doch so schwindelerregend die Höhen dieser Gipfelstürmer auch sein mögen, sie erscheinen harmlos im Vergleich zur Strecke Puno–Cusco in Peru, die sich mit La Raya auf 4281 Meter des höchstgelegenen Bahnhofs der Welt rühmt. Viele dieser Oldtimer werden im Laufe der Zeit zu anfällig,

RECHTS: *Seit dem Boom der Eisenbahn ist der »Orient-Express« in seinen verschiedenen Gestalten das Maß der Dinge unter den Luxuszügen.*

INTERN
COMPAGNIE
EPOCA
SIMPLON ORIENT EXPRESS
PARIS LAUSANNE BEOGRAD
THESSALONIKI ATHENES

um noch voll unter Dampf zu stehen. Manche müssen vor ihren verstopften Schloten und arthritischen Kolben kapitulieren – um dann schließlich als Ausflugs- oder Museumsbahnen zu neuem Leben zu erwachen. Der *Chemin de Fer du Vivarais* in Frankreich entging auf diese Weise dem Abstellgleis. Als Museumsbahn verkehrt er heute, wie in seiner Blütezeit vor hundert Jahren, durch die Weinfelder des Rhônetals.

Andere Bahnen wie die norwegische *Flåmsbana* und der Schweizer *Glacier Express* waren von Beginn an als Kuriosa konzipiert. Sie sollten Skitouristen und Ausflügler auf ihrem Weg zu schneebedeckten Gipfeln mit zahlreichen Brücken, Kurven und Tunnel unterhalten und zugleich einheimische Fahrgäste, Handelswaren und Rohstoffe befördern. Als ich dem Zugführer des *Glacier Express* einmal gestand, wie beeindruckt ich von den vielen geschwungenen Viadukten war, entgegnete er: »Auch wir Schweizer können Eisenbahnen bauen, aber wir tun es immer mit dem Blick des Touristen.«

Die wirklich großen Denkmäler des Eisenbahnbaus sind die transkontinentalen Hauptschlagadern, die sich quer durch unerschlossene Wildnis, Wüsten und über Hochgebirgspässe den Weg bahnten, um den Atlantik mit dem Pazifik, den Pazifik mit dem Indischen Ozean und Europa mit China zu verbinden. Ihre stählernen Trassen schmiedeten Nationen und Reiche. Von den Aussichtswagen des *Canadian* und den Salonwagen des *Indian Pacific* wirken die in sattes Grün getauchte kanadische Landschaft oder die baumlose Dürre der australischen Wüste wie rollende Gemälde. Einige Strecken wurden zum Sinnbild eines Landes, wie etwa der Abschnitt zwischen Mainz und Köln am Rhein entlang, der durch die Verbindung von Industrie und Romantik wie kein anderer die Gegensätze Deutschlands widerspiegelt. Die vielleicht kürzeste »transkontinentale« Verbindung ist *The TranzAlpine* in Neuseeland quer über die gebirgige Südinsel vom Pazifik zur Tasmansee. Die längste und kulturell vielfältigste Reise führt mit der Transmongolischen und Transsibirischen Eisen-

LINKS: *Der Stolz von Rovos Rail: Rohan Vos' Dampflokomotive »Bianca« am Wassertank.*

bahn über 8000 Kilometer und durch 5000 Jahre Zivilisationsgeschichte aus Europa nach China – und das alles zum Preis einer Fahrkarte.

In der Zeit zwischen den Weltkriegen erlebte die Eisenbahnära ihre Blüte. Das Streckennetz war dichter denn je, niemals wieder waren die Züge so feudal ausgestattet. Die prachtvollen Jugendstilwaggons des legendären *Orient-Express* betteten Angehörige der europäischen Königshäuser auf dem Weg von Paris nach Istanbul ebenso wie militante Balkan-Anarchisten. In Kalifornien ließen sich die Reichen und Schönen Hollywoods vom extravaganten *Daylight* zur Villa »Cuesta Encantada« des legendären Medienmoguls William R. Hearst kutschieren. Südafrikas *Union Limited* verwöhnte die Reisenden in komfortablen Waggons, in denen jedes Abteil mit einem Badezimmer ausgestattet war. Und in Kanada genoss der englische Adel im *Continental Limited* eine der eindrucksvollsten Landschaften der Neuen Welt – in der Gewissheit, dass auf der Scheitelhöhe des Yellowhead Pass ein erstklassiges Abendessen serviert werden würde. An Bord der großen Luxuszüge wurden die Passagiere umsorgt und verwöhnt wie die Gäste eines Grandhotels. Matt Cahoon, Servicedirektor im vornehmen *Coast Starlight* beschrieb es mit den Worten: »Ein Nachtzug ist wie ein Hotel auf Rädern. Die Passagiere sind unsere Gäste und als solche werden sie auch behandelt.«

Es ist also nicht verwunderlich, dass der maßgebliche Anstoß für die Wiedergeburt der Luxusreisen auf Schienen von einem überaus erfolgreichen Hotelier und Reeder ausging, dem Amerikaner James B. Sherwood. Der langweiligen Geschäftsreisen überdrüssig, erwarb Sherwood eine Reihe historischer Romantikhotels, die in der Nähe der Zielhäfen seiner global operierenden *Sea Containers Group* lagen. Diese verband er mit Schnellzügen der Superluxusklasse in der Tradition der *Compagnie Internationale des Wagons-Lits et des Grands Express Européens* (Schlafwagengesellschaft CIWL).

Die *Compagnie des Wagons-Lits,* Eingeweihte nennen sie auch *Madame la Compagnie,* setzte weltweit Maßstäbe, als sie 1883 ihre plüschigen Pullman-Wagen auf die Schiene brachte. Jahrzehntelang trotzte der *Orient-Express,* »der fliegende Teppich in den Osten«, den politischen Irrungen und Wirrungen Europas. Als der Zuglauf nach dem Zweiten Weltkrieg wieder aufgenommen wurde, begann jedoch der Niedergang dieser Legende auf Rädern, die 1977 vor dem Aus stand. Natürlich findet der *Orient-Express* noch in den Reiseführern Erwähnung, aber es ist lediglich von einem ganz gewöhnlichen Zug die Rede, der in Bukarest endet – 900 Kilometer vor seinem ursprünglichen Ziel zu Füßen der Minarette am Goldenen Horn.

Schon bald nachdem der *Orient-Express* in Ungnade gefallen war, kamen einige der glanzvollen Waggons in Monte Carlo zur Versteigerung. Mit dem Schlag des Auktionshammers wurden James Sherwood und seine Frau Shirley zu den neuen Wächtern der Legende *Orient-Express.* Sie ließen die Waggons zusammen mit einigen des *Train Bleu* und *Fleche d'Or* von mitunter den gleichen Handwerker- und Ingenieurfamilien restaurieren, die sie gebaut hatten. So wurde der »König der Züge« schließlich als *Venice Simplon Orient Express* wieder geboren. Kürzlich, während eines Aufenthalts in Paris, riefen die »Baronin« und ich am Hotel »Fleche d'Or« ein Taxi zur Gare de l'Est. Der Fahrer fragte: »Welchen Zug nehmen Sie, Monsieur?« »Orient-Express«, antwortete ich. »Ach natürlich«, entschuldigte er sich für seine offensichtlich dumme Frage – ganz als ob die Gäste in seinem Taxi selbstverständlich mit dem »berühmtesten Zug der Welt« reisten.

Der *VSOE* ist ein Vorläufer der modernen »Kreuzfahrtzüge«, die die prunkvolle Ausstattung, die Haute Cuisine und das Belle-Époque-Ambiente der Luxuszüge mit dem Angebot unterschiedlicher Reiserouten und dem geschickten Marketing des Kreuzfahrtgeschäfts vereinen. Kurze Zeit später erregte der noble *Royal Scotsman* Aufmerksamkeit. Und schon bald rollte eine ganze Armada von Fünf-Sterne-Zügen über alle fünf Kontinente, darunter der *Eastern & Oriental Express* von Singapur nach Bangkok, der *Royal Orient Express* in Indien, *Al Andalus* und *El Transcantábrico* in Spanien, sowie Rohan Vos' einzigartiger *Pride of Africa* vorbei an den Victoria-Fällen nach Daressalam – Teil des uralten Traums von einer Bahnlinie, die das Kap der Guten Hoffnung mit Kairo verbindet.

Bei der Lektüre werden Sie bemerken, dass nicht alle Bahnreisen von verschwenderischem Luxus geprägt sind und nicht in jedem Speisewagen *Monsieur Escoffier* den Kochlöffel schwingt. Auch werden Sie nicht überall auf interessante Exilbürger treffen. Ein Meilenstein für ehrgeizige Sammler extravaganter Bahnkilometer ist die Route Peking–Hanoi. Die herausragende Strecke sollte man jedoch erst als Fortgeschrittener nach einer Reihe anderer, nicht minder großartiger Bahnreisen genießen. Für angehende Bergsteiger ist der Mount Everest schließlich auch nicht das erste Ziel.

Da die Eisenbahn bereits auf ihren 200. Geburtstag zusteuert, werden einige der am stärksten bedrohten Spezies möglicherweise bald endgültig aufs Abstellgleis fahren. Der reguläre Dampflokbetrieb in Polen und China nähert sich dem Ende. Doch die Errungenschaften des modernen Eisenbahnzeitalters wie der Eurotunnel zwischen London, Paris und Brüssel werden weiterhin kulturelle Brücken schlagen und Zivilisationsgeschichte schreiben. Sogar neue Verbindungen sollen entstehen. Wer weiß? Vielleicht wird der *Ghan,* der Australiens rotes Herz mit der Südküste verbindet, eines Tages von Alice Springs nordwärts rollen und somit die erste vollständige Durchquerung des Kontinents ermöglichen. Immer mehr »Kreuzfahrtzüge« entstehen – darunter der *Golden Eagle* von New York nach Los Angeles – ganz zu schweigen von den immer schnelleren Hochgeschwindigkeitszügen, die schon heute 480 km/h erreichen. Für neue Bahnabenteuer ist also auch in Zukunft gesorgt. *Montez à bord! En voiture!* Einsteigen, bitte!

Tom Savio

DER EISENBAHNBARON

DER AMERIKANISCHE KONTINENT

478

Der Canadian

VON TORONTO NACH VANCOUVER

Pierre Home-Douglas

Es ist ein sonniger Morgen, Anfang November. Hunderte von Menschen strömen mit Aktentaschen unter dem Arm durch die *Union Station* im Zentrum von Toronto, Minuten vorher noch eingezwängt in Pendlerzügen, die tagtäglich unzählige Büroangestellte aus den Vororten in die Stadt transportieren. Ich gehe in die entgegengesetzte Richtung zum Ausgang neun, zu Zug Nummer eins auf der Abfahrtstafel. Ziel: Vancouver, British Columbia, 4451 Kilometer weiter westlich an der Pazifikküste.

An der Absperrung schließe ich mich einer bunt gemischten Menschenmenge an – Rucksacktouristen, eine Reisegruppe aus England, Amerikaner im Ruhestand, japanische Touristen, zwei amische Ehepaare und mehrere Kanadier. Am Bahnsteig gehen die Rucksackreisenden und einige andere nach links in Richtung Touristenklasse an der Spitze des Zuges. Ich wende mich nach rechts, steige in das Schlafwagenabteil der Klasse *Silver & Blue* und suche Wagen Nummer 129 – mein Zuhause für die nächsten drei Tage. Es gibt keinen Wagen 129, ein Nummerierungsfehler, wie man mir versichert. Ich werde zu Wagen 128 geführt und pünktlich um 9 Uhr rollt der Zug aus dem Bahnhof. Wir passieren den 553 Meter hohen CN-Tower, gleiten am Skydome vorbei, dem Heimatstadion der Baseball- und Footballteams von Toronto, und weiter in Richtung des westlichen Stadtrands. Der Zug nimmt Fahrt auf. Ich beobachte, wie sich die Wolkenkratzer allmählich am Horizont verlieren und endlose Vorstadtbezirke an mir vorüberziehen. Als sich die Unruhe um die Plätze gelegt hat, breite ich meine Habseligkeiten in meinem Zweibettabteil aus. Der transkontinentale *Canadian,* das Flaggschiff von VIA Rail, bietet in der ersten Klasse *Silver & Blue* untere und obere Liegeplätze sowie Ein-, Zwei- und Dreibettabteile. Meine Kabine ist gemütlich, obgleich mit zwei Stühlen, einer Toilette und einem kleinen Waschbecken eher anspruchslos ausgestattet. Die an der Wand befestigten Betten werden jeweils für die Nacht vom Steward heruntergeklappt.

Nachdem ich mich in meiner zeitweiligen Residenz eingerichtet habe, beginne ich meine neue Welt zu erkunden. Passagiere der Klasse *Silver & Blue* können den Speise- und Salonwagen sowie die berühmten dachverglasten Aussichtswagen genießen. Von den Mitte der Fünfzigerjahre eingeführten Waggons

OBEN: *Scharfe Augen erblicken vom Aussichtswagen aus gelegentlich einen Elch, Hirsch oder Rotfuchs.*
RECHTS: *Die rostfreien Stahlwagen im Art-déco-Stil des »Canadian« rollen vor der majestätischen Kulisse der schneebedeckten Rocky Mountains durch die kanadischen Wälder.*
VORHERGEHENDE SEITEN: *Eine Schmalspurbahn des »Durango & Silverton« an der Schlucht des Animas.*

im Art-déco-Stil waren nicht nur passionierte Bahnfahrer begeistert. Die Zeitschrift *Vogue* widmete 1955 fast einen ganzen Artikel der bemerkenswerten Innenausstattung. Ende der Achtzigerjahre investierte die kanadische Betreibergesellschaft VIA Rail 200 Millionen kanadische Dollar in die Restaurierung und Aufrüstung von 185 Waggons. Elektrische Heizungen wurden eingebaut, die Schlafwagen mit Duschen ausgestattet und zahlreiche mechanische Bauteile, darunter die Bremsen, komplett überholt.

Ich ergattere einen Platz in einem der 24-sitzigen Panoramawagen und genieße die vorüberfliegende Landschaft. Während der Zug weiter nordwärts fährt, weichen Torontos Vororte allmählich ausgedehnten Feldern. Am späten Vormittag durchqueren wir eine riesige Seenlandschaft mit unzähligen kleinen Inseln. Diese Region heißt Muskoka, bei den Einwohnern Torontos auch als »Cottage Country«, »Land der Ferienhäuser«, bekannt. Viele finden hier an den Wochenenden und in den Sommerferien einen Zufluchtsort vor der Hektik und Schnelllebigkeit der Stadt. Der Zug schlängelt sich langsam von See zu See, vorbei an Cottages und am Uferrand liegenden Booten. Gegen Mittag bahne ich mir den Weg durch die schmalen Gänge zum Speisewagen und setze mich zu drei anderen hungrigen Gästen an den Tisch. Wir plaudern über Politik, die neuesten Bücher und unsere künftigen Reisepläne, während unser Blick immer wieder aus dem Fenster auf eine faszinierende Szenerie fällt. Die Speisekarte bietet wahlweise eine Quiche mit Salat, gefüllte Paprikaschote oder – Kanada lässt grüßen – einen Bison-Burger. Das Essen an Bord ist tadellos, wie ich während der gesamten Reise immer wieder feststelle, der Service freundlich und aufmerksam.

Kurz nach dem Mittagessen überqueren wir den French River, der wegen seiner herausragenden Naturschönheit zum Canadian Heritage River gekürt wurde. Vor drei Jahrhunderten nutzten Forschungsreisende aus

OBEN: *Farbenprächtige Totempfähle im Stanley Park in Vancouver erzählen die Geschichte der Haida-Indianer aus British Columbia.*
RECHTE SEITE: *Für den Streckenverlauf des »Canadian« mussten Wälder gerodet, Sümpfe trockengelegt und Berge gesprengt werden.*

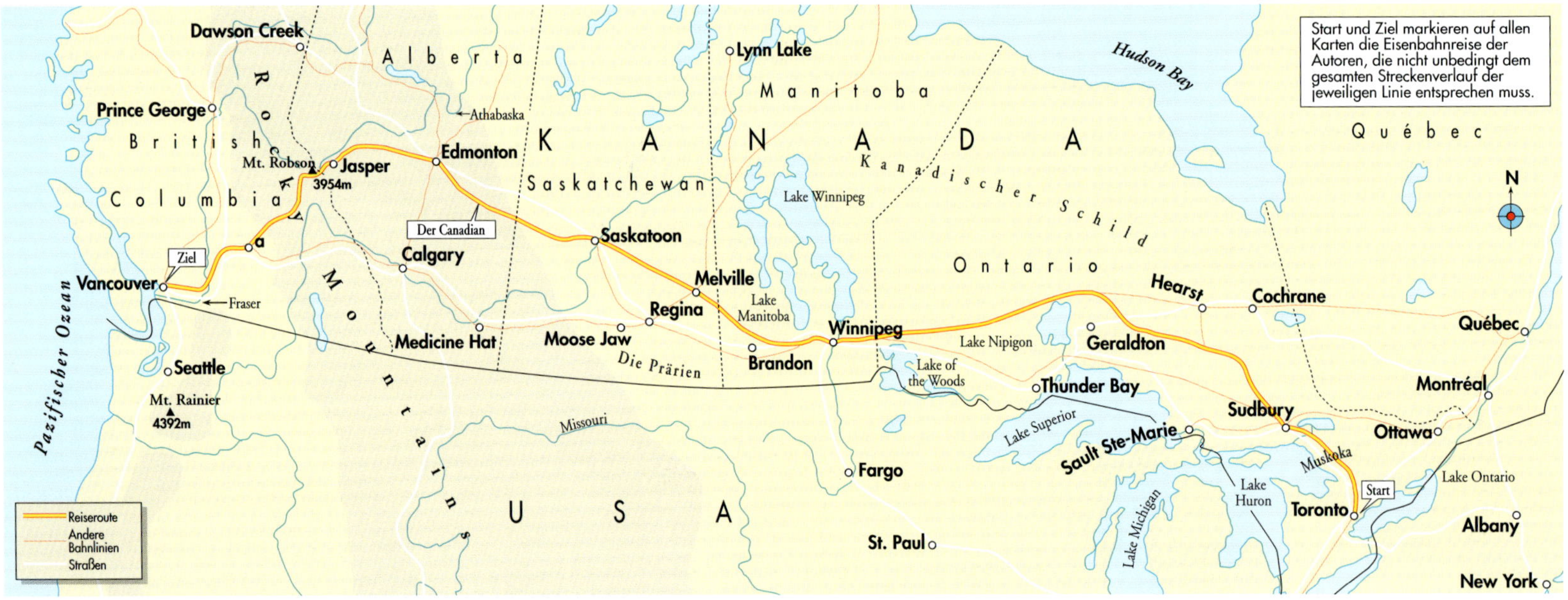

Montreal den seichten Zufluss der Georgian Bay als Wasserweg. Die waghalsigen Abenteurer, damals *Coureurs de Bois,* »Waldläufer«, genannt, paddelten in ihren voll beladenen Kanus zu den Great Lakes und von dort in die Wildnis, um ihre Waren bei den Indianern gegen Biberpelze einzutauschen.

Am Nachmittag erreichen wir die Randgebiete von Sudbury. Die Gegend wirkt unheimlich, verkümmerte Bäume stehen vereinzelt in der Landschaft. Ein Stückchen weiter lässt sich am westlichen Horizont schon die Ursache erkennen: der 380 Meter hohe Schlot der INCO-Nickelhütte. Ende der Sechzigerjahre bereiteten sich die Apollo-Astronauten in Sudbury auf ihre Mondreisen vor – die bizarre Gegend scheint geeignetes Terrain gewesen zu sein. Trotz der Wiederaufforstungsmaßnahmen und strengeren Umweltauflagen in den vergangenen Jahren ist das Land kahl und trist geblieben.

Immer tiefer dringt der Zug in den Kanadischen Schild vor, ein gewaltiges Gebiet präkambrischen Gesteins, das sich im weiten Halbkreis um die Hudson Bay legt. Diese rund eine Milliarde Jahre alte Landschaft aus Granit und Gneis ist das faszinierende Ergebnis einer komplexen geologischen Geschichte mit Phasen der Faltung, Verwerfung und Kompression. Das heutige Bild der Natur geht in erster Linie auf das letzte Eiszeitalter zurück, das vor rund 2,5 Millionen Jahren begann. Das Gebiet war von kontinentalen Gletschern bedeckt, wodurch die obersten Erdschichten abgetragen wurden. Als das Eis abschmolz, blieben ausgedehnte Becken erhalten, die durch Höhenzüge voneinander getrennt waren. Die unzähligen Senken und Vertiefungen füllten sich langsam mit Wasser und so entstand eine der größten Sumpf- und Seenlandschaften der Welt. Die Vegetation ist vor allem geprägt von borealem Wald aus Fichte, Kiefer, Pappel und Lärche. Der Bewuchs ist so dicht, dass man sich kaum vorstellen kann, wie Elche oder Bären sich den Weg durchs Unter-

GANZ OBEN: *In der Lounge können sich die Reisenden in bequemen Sitzen unterhalten oder einfach nur die Landschaft beobachten. An einem Tisch werden Kaffee oder Tee ausgeschenkt, auch die Bar ist nur ein paar Schritte entfernt.*
DARUNTER: *In den Speisewagen des »Canadian« wird während der Sommermonate mittags und abends in drei Schichten gegessen, in der Nebensaison sind es nur zwei Durchgänge.*

holz bahnen – ganz zu schweigen von den Heerscharen unterbezahlter Arbeiter, die Anfang des 20. Jahrhunderts eine Gleisschneise durch dieses urzeitliche Land schlagen mussten. Mit Spitzhacke, Axt und Sprengpulver trieben sie Tunnel durch die Felsen, arbeiteten sich Kilometer um Kilometer voran auf dem morastigen Untergrund, den die Ojibwa-Indianer *muskeg* nennen. Sie waren jedoch nicht die ersten. Mit dem gleichen Problem kämpften in den frühen Achtzigerjahren des 18. Jahrhunderts die Erbauer der *Canadian Pacific Railway* (CPR) nach Vancouver – der ersten transkontinentalen Strecke in Kanada etwas südlich der Route des *Canadian.* CPR-Generaldirektor Cornelius Van Horne bezeichnete einen Abschnitt durch den Schild als »einen 320 Kilometer langen Höllenlauf«.

Hinter Sudbury wird die Landschaft noch trostloser. Ich blicke aus dem Fenster, einzelne Ortschaften jagen vorbei – McFee's Camp, Felix, Ruel, Mud River. Die meisten bestehen nur aus einigen verstreut liegenden Häusern und einem schmalen Pfad, der zu einem nahe gelegenen See führt. In dieser von der Zivilisation abgeschiedenen Gegend steigen nur wenige Trapper, Angler oder Jäger aus, die in dem unwegsamen, endlos erscheinenden Dickicht der Wälder verschwinden. Auch Kanuten nutzen gelegentlich diese Bedarfshaltestellen, laden ihre Boote aus dem Gepäckwagen an der Spitze des Zugs und paddeln in die Wildnis.

Eine Tasse Tee in der Hand gehe ich nach dem Dinner zum nächsten Aussichtswagen. Der Mond ist aufgegangen und taucht die Seen in ein goldenes Licht. Ich blicke nach vorn auf das 400 Meter lange Ungetüm aus 21 Wagen, das sich auf seinem kurvenreichen Weg mal in die eine, mal in die andere Richtung krümmt. Die schmalen Lichtstreifen der Scheinwerfer werden vom Weiß der Birkenstämme zurückgeworfen, während die Kiefern nur als schwarze Schemen aus dem tiefen Blau der Nacht hervortreten. Hoch oben durchzieht der sanfte Schimmer der Milchstraße den Himmel.

Nach einem kurzen Schlummertrunk an der Bar des letzten Wagens kehre ich in mein Abteil zurück. Während ich beim Essen war, hat der Steward bereits das Bett heruntergeklappt und meine Leselampe angeknipst. Bequem zurückgelehnt sitze ich in meinem Bett und blättere in einer Zeitschrift. Als ich ein paar Minuten später das Licht ausschalte und aus dem Fenster blicke, sehe ich Wälder so »herrlich, dunkel und tief«, wie sie der amerikanische Dichter Robert Frost einst pries. Jedes Mal, wenn ich in dieser unruhigen Nacht aufwache, begrüßt mich der gleiche, schöne Ausblick.

Zum Frühstück sitze ich wieder mit meinen Tischnachbarn vom Vorabend zusammen. Während die Bedienung Pfannkuchen, Würstchen und Kaffee aufträgt, bewundern wir die unzähligen Seen in der Landschaft. Obwohl viele Bären und Elche in den Wäldern leben, kann ich kein Tier entdecken – doch das liegt vielleicht am Lärm des Zuges oder an meiner mehr als flüchtigen Aufmerksamkeit. Entlang der Strecke hat ein Biber seine Spuren hinterlassen: fein säuberlich abgenagte Bäume, das Baumaterial für

die Behausungen, in denen Biber gut geschützt den sich bereits ankündigenden Winter mit Temperaturen von bis zu minus 40 °C überstehen.

Nach 1800 Bahnkilometern und 30 Stunden Fahrzeit informiert uns ein Schild an der Nordflanke der Strecke, dass wir die riesige Provinz Ontario verlassen und Manitoba erreicht haben. Bald verändert sich die Natur. Die Seen und Felsnasen, die uns bisher begleitet haben, werden abgelöst von Ackerland. Die Strecke verläuft plötzlich schnurgerade, am Horizont ist keine Kurve zu erkennen. Allmählich lassen wir den Kanadischen Schild hinter uns, immer flacher wird das Land, Bäume sieht man kaum noch und am Nachmittag rollen wir bereits durch eine sich westwärts über Hunderte von Kilometern erstreckende Ebene – quer durch Saskatchewan in Richtung Alberta. Hier dehnen sich die Prärien aus, die zu den fruchtbarsten Gegenden des Landes gehören. Im Sommer verwandeln endlose Weizenfelder die Plains in ein goldgelbes Meer. Wir überqueren einen Damm und halten eine Stunde in Winnipeg. Auch diese Stadt verdankt ihre Existenz dem Pelzhandel und der Eisenbahn. Hinter der Hauptstadt Manitoba ist das Land brett-eben, der Horizont erscheint in weiter Ferne. Nur die hohen Getreidesilos unterbrechen gelegentlich das Landschaftsbild. Einheimische nennen diese Gegend *Big Sky Country*, das »Land des hohen Himmels« – und tatsächlich scheint der Himmel über uns weiter und höher als im Osten.

Jetzt, Anfang November, wird es bereits vier Stunden früher dunkel als im Sommer und kaum 50 Kilometer hinter Winnipeg bricht die Nacht herein. Ich beschließe früh zu Bett zu gehen. Auf dem Weg in meine Kabine verweile ich kurz im Aussichtswagen, wo ich mit einigen Mitreisenden plaudere. Auf Bahnreisen schätze ich vor allem die Menschen, denen ich begegne. Sie lieben das gemächliche Tempo, hetzen nicht durch das Leben. Auch auf dieser Reise treffe ich nette Leute: Keith, einen Ingenieur, der die Arktis

OBEN: *Ein Güterzug, beladen mit Weizen aus den kanadischen Prärien, verlässt Jasper in der Provinz Alberta. Am Ende seiner Reise durch die Rocky Mountains wird er in der Hafenstadt Vancouver seine Fracht entladen.*

vermisst; Don, den Gerichtsreporter mit seinen Geschichten über die weniger ruhmreichen Taten der Hollywoodstars; und Dutch, einen pensionierten Lokführer, der viele Anekdoten aus der guten alten Zeit zu erzählen weiß. Ich werde sie vermissen, wenn diese Reise zu Ende ist.

Zurückgekehrt in mein Abteil bemerke ich, dass die Landschaft von einer dicken Schneeschicht überzogen ist. Das Wetter ist launisch in den Prärien. Wir befinden uns kurz hinter der Grenze nach Saskatchewan. Ich schalte das Licht aus und blicke hinaus in die Finsternis. Welch ein herrliches Wohlgefühl, mich in meinem Schlafwagenabteil unter der Bettdecke verkriechen zu können, während draußen die verschneite Winterwelt vorbeifliegt. Der Himmel hat aufgeklart. Am nördlichen Horizont erkenne ich einen eigenartigen Schimmer, der wie ein Blitzlicht immer wieder aufflammt: *Aurora borealis* – das Polarlicht. Ich bin wie hypnotisiert. Obwohl ich vor Müdigkeit kaum die Augen offen halten kann, folge ich fasziniert dem Himmelsschauspiel, während der Zug in einem langen Bogen nordwestwärts durch die Nacht jagt. In dieser Nacht schlafe ich ruhiger.

OBEN: *Vancouver in British Columbia ist die drittgrößte Stadt Kanadas und berühmt für seine wunderschöne Lage am Pazifik. Benannt wurde es nach Captain George Vancouver, dem ersten Europäer, der 1792 in diese Gegend vordrang.*

Die erste Nacht ist immer die schlimmste, sagt Gary, der Barkeeper. Die zweite schläft man schon besser und nach der dritten kann dich der Steward nur noch mit der Trompete wecken. Am Morgen haben wir das verschneite Saskatchewan hinter uns gelassen und durchqueren Alberta. Das Dämmerlicht zeichnet die Konturen einer sanft geschwungenen Hügellandschaft. Das ist der ganz besondere Reiz des Bahnfahrens: Man reist langsam genug, um stets neugierig zu bleiben, was einen hinter der nächsten Biegung erwartet, und doch so schnell, dass die Szenerie stets wechselt.

Kurz nach Sonnenaufgang fährt der Zug zu einem einstündigen »Boxenstopp« in Edmonton ein. Wir haben leider nicht genügend Zeit für die West Edmonton Mall, das größte Einkaufszentrum der Welt mit 800 Geschäften, einer Eisbahn, Spielhölle und einem Tauchbecken für U-Boot-Fahrten. Eigentlich spielt es auch keine Rolle – da uns die nächste Etappe in die Rocky Mountains führt, kann ich unsere Weiterfahrt ohnehin kaum erwarten.

Leider spielt das Wetter nicht mit und der Winter hat uns wieder. An klaren Tagen sind die Rockies schon in der Nähe von Edson zu sehen. Obwohl bereits 100 Kilometer hinter uns liegen, ist die Nähe der Berge noch nicht einmal zu erahnen. Die Sichtweite beträgt kaum 100 Meter. Endlich lässt das Schneetreiben nach und langsam sind die Silhouetten der Berge zu erkennen, deren schneebedeckte Gipfel fast nahtlos in den bleigrauen Himmel übergehen.

Wir folgen nun dem Lauf des Athabaska River in Richtung Jasper, vorbei an einem Rudel Elche. Um 14 Uhr erreichen wir die Stadt, wo der Zug eine Stunde Aufenthalt hat. Jasper hat sich mit seinen Geschäften und Restaurants ganz auf den Tourismus eingestellt. Nach einem kurzen Rundgang kehre ich zum Zug zurück und schon geht es weiter. Wir schlängeln uns die Berge hinauf zum Yellowhead Pass. Fast in Sekundenschnelle schlägt das Wetter um. Wolken fegen über die Landschaft. Eben noch schaue ich auf einen Berggipfel, Sekunden später ist er wie vom Erdboden verschluckt, als sei er nie da gewesen. Im hinteren Aussichtswagen gibt es jetzt nur noch Stehplätze. Wir fahren am Ufer des Moose Lake entlang. Das blaugrüne Wasser spiegelt die düsteren Bergkuppen, die langsam im Nebel verschwinden. Wenig später erreichen wir den Yellowhead Pass, über den sich die *Great Divide,* die Hauptwasserscheide zwischen Pazifik und Atlantik, zieht und wo British Columbia beginnt – die letzte der fünf Provinzen, die wir durchreisen. Alle halten Ausschau nach Mount Robson, mit 3954 Metern der höchste Berg der kanadischen Rockies. Mehrmals meinen wir ihn gesehen zu haben, doch sicher ist sich keiner. Vor uns klart der Himmel am Horizont langsam auf, ab und zu zeigt sich sogar die inzwischen tief stehende Sonne. Noch vor einer halben Stunde hätte ich nicht geglaubt, dass wir heute noch blauen Himmel sehen würden. Doch nun reißt die Wolkendecke auf und pötzlich ruft jemand: »Da ist Robson!« Ich drehe mich um und sehe vor mir ein Bild, das all meine Erwartungen weit übertrifft: Im rosafarbenen Licht der untergehenden Sonne ragt der schneebedeckte Gigant beinahe endlos in den Himmel, umgeben von zahllosen Bergen, die neben seiner Größe bedeutungslos erscheinen. Der Moment ist perfekt. Im Zug ist es still, der imposante Anblick lässt den Atem anhalten. Auf einmal beginnt ein Mitreisender zu klatschen und spontan applaudiert der ganze Wagen. Ich denke unweigerlich an die Dichter und Maler der Romantik, die in ihren Werken das Gewaltige, Schaudererregende und Transzendente von Natur und Landschaft zum Ausdruck bringen wollten. Ich verstehe nun diese tiefe Sehnsucht nach Innerlichkeit und zugleich nach Weite und Ferne, nach dem Irrationalen, dem Einswerden von Natur und Seele.

Wie Gary vorhergesagt hatte, schlafe ich in dieser Nacht tief und fest. Am nächsten Morgen um 6.30 Uhr ein schnelles Frühstück im Speisewagen und anschließend Packen. In einer Stunde erreichen wir Vancouver. Ich schaue aus dem Fenster auf das Ufer des trüben, lachsreichen Fraser River, der Vancouver träge zustrebt. Für viele Touristen bildet diese Stadt den Höhepunkt ihrer Kanada-Reise, und das aus gutem Grund. Seine einzigartige Lage am Pazifischen Ozean vor einem Kranz mächtiger Berge macht Vancouver zu einer der sehenswertesten Städte Nordamerikas – und zu einer angemessenen Kulisse für das Ende meiner Reise. Ein letztes Mal blicke ich auf mein zeitweiliges Zuhause und trete hinaus in die kühle Morgenluft.

Der Coast Starlight

VON LOS ANGELES NACH SEATTLE

Tom Savio

Der *Coast Starlight* ist das beste Pferd im Stall der amerikanischen Bahngesellschaft Amtrak. Über 2235 Kilometer schlängelt er sich entlang der Pazifikküste über mehrere Gebirgszüge und verbindet die Geschichte und einzigartigen Landschaften der Küstenstaaten Kalifornien, Oregon und Washington. Wie jedes reinrassige Vollblut hat auch der *Coast Starlight* eine makellose Ahnentafel: Er stammt vom *Coast Daylight* der *Southern Pacific* ab, der zwischen Los Angeles und San Francisco verkehrte. Während der *Great Depression,* der Wirtschaftskrise der Dreißigerjahre, entstanden, sollte der *Daylight* die Kalifornier zurück auf die Schienen locken. Wie der Sonnenuntergang des Goldenen Westens leuchtete der elegante rot-orangefarbene »Streamliner« und verkörperte Zuversicht auf bessere Zeiten. Bald war der *Daylight* untrennbar mit der Kultur Kaliforniens verbunden und entwickelte sich zum beliebtesten Zug in den USA. Diesen Ruf genießt heute der *Coast Starlight.*

In den Neunzigerjahren charterte Amtrak eine neue Route, um sich mit gehobenem Service einen neuen Kundenkreis zu erschließen und gleichzeitig die Abhängigkeit von staatlichen Fördermitteln abzubauen. Das Streckennetz wurde in drei unabhängig operierende Regionen gegliedert. Die drei Staaten an der Pazifikküste wurden Amtrak West zugeteilt. Eisenbahnvisionär und Amtrak-West-Präsident Gil Mallery sowie der Generaldirektor des *Coast Starlight* Brian Rosenwald hatten die Aufgabe, den *Coast Starlight* rundum zu erneuern. Ihre verordnete Radikalkur setzte sich im innovativen Westen durch, wo bahnbrechende Ideen in Kunst, Politik und Technologie zum guten Ton gehören.

Die meisten Personenwagen, die Amtrak von Privatgesellschaften übernommen hatte, waren nicht mehr brauchbar – mit Ausnahme der aus rostfreiem Stahl gebauten Waggons der *Budd Company,* die als nahezu unvergänglich galten. Als Mallery und Rosenwald entdeckten, welche Juwelen aus den Werkshallen der *Budd Company* auf einem verlassenen Nebengleis verkamen, stellten sie diese Klassiker sofort sicher: doppelstöckige Salonwagen mit gläsernern Aussichtskuppeln des früheren *El Capitan.* Die Wagen wurden komplett restauriert, mit Hartholztresen, Drehsitzen, beheizbaren Horsd'œuvre-Tischen und Videoräumen ausgestattet und kurzerhand *Pacific Parlour Cars* getauft. Die rollenden Luxusapartments setzten den Maßstab für den neuen *Coast Starlight.* Trotz der edlen Aufmachung ist er heute ein regulärer Linienzug, der seine Passagiere in College-Städte, Urlaubsorte und Metropolen transportiert.

OBEN: *Steward Josue Martinez deckt gewissenhaft die Tische an Bord eines Pacific Parlour Car.*

RECHTS: *Die Union Station in Los Angeles, der letzte große Bahnhof, der in den USA gebaut wurde.*

Ausgangspunkt meiner *Starlight*-Reise ist die eindrucksvolle, mit glänzendem Marmor vertäfelte *Union Station* in Los Angeles. An ihrer Stelle befand sich einst ein Wohnhaus von Chinesen, die nach Kalifornien gekommen waren, um Eisenbahnen zu bauen. Als das Gebiet im Jahr 1939 saniert wurde, entstand mit dem *Union Passenger Terminal* im spanisch-maurischen Stil eines der schönsten Gebäude des amerikanischen Westens.

Wir verlassen das Los Angeles Basin über den Santa Susana Pass. Die Angst vor den hier häufigen Erdbeben, die in den Verwerfungen über Hunderte von Kilometern sichtbar werden, ist tief im Unterbewusstsein der Menschen verankert. Bei Ventura treffen wir auf den Pazifik, unseren Streckengefährten während der nächsten 182 Kilometer. Surfer, Sonnenanbeter, schlanke Eukalyptusbäume und üppige Zitrusplantagen erinnern an ein eleganteres Kalifornien, das nun als verlorenes Paradies in den Fenstern des *Starlight* widerscheint. Während der Zug über mehrere Trestle-Brücken (Hochbrücken) die Klippen entlangfährt und tief unten die Brecher des Pazifiks tosen, wird im Speisewagen das Mittagessen serviert. Die Speisekarte im Bistro-Stil bietet regionale Spezialitäten, darunter »Portobello-Pilze auf Focaccia« und »Penne in einer Soße aus gerösteten Paprika«. Dazu werden ausgewählte Weine aus den nahen Anbaugebieten serviert und von Sommelier Rosenwald persönlich kredenzt. Nachmittags gibt es im Salonwagen ganz besondere, unter dem *Coast-Starlight*-Label abgefüllte Tropfen.

Während sich der *Starlight* hinter San Luis Obispo vom Meer abwendet und dreihundert Höhenmeter über den Cuesta Pass die Santa Lucia Range hinaufklettert, bietet sich seinen Gästen eine großartige Szenerie von Brücken, Kurven und Tunnel. Wir passieren endlose Weinberge, Farmen und Viehherden – nur wenige Besucher wissen, dass Kaliforniens Wirtschaftszweig Nummer eins die Landwirtschaft ist. Der Zug hat kurzen Aufenthalt in Salinas, der »Salatschüssel der Nation« und Geburtsstadt des Schriftstellers John Steinbeck. Er beschrieb die Schattenseiten der kalifornischen Landwirtschaft und erntete dafür den Zorn seiner Heimat. In jüngster Zeit überzeugten allerdings weniger einträgliche Ernten die Stadt, mit einem längst überfälligen Steinbeck-Museum auch den touristischen Acker zu bestellen. Weiter nördlich, an der San Francisco Bay, lässt der *Starlight* den Hafen von Oakland hinter sich und läuft in den Bahnhof Jack London Square ein. In der Zeit des Goldrausches trafen sich hier die Goldsucher im »First and last Chance Saloon«. In der rustikalen Bar »Zur ersten und letzten Chance« kühlen noch heute Seebären ihre durstigen Kehlen. Passagiere mit Ziel San Francisco steigen auf Busse um, die sie über die Bay Bridge nach »Baghdad by the bay« bringen, wie der bekannte Kolumnist Herb

OBEN: *Der »Coast Starlight« bei San Luis Obispo kurz nach dem Verlassen der Pazifikküste auf dem Weg über den Cuesta Pass nach San Francisco.*

Caen die Stadt einst taufte. Wir passieren »Berzerkley« (Berkeley), Hauptsitz der University of California und Geburtsstätte der amerikanischen Protestkultur. 1964 proklamierte hier mein Bruder Mario vom Dach eines Polizeiwagens aus die »Redefreiheit«, woraufhin er wegen »nicht genehmigter historischer Verdienste« von der Universität verwiesen wurde. Dreißig Jahre später ehrt ihn an der Eingangstreppe eine bronzene Tafel. Bei Einbruch der Dunkelheit ziehe ich die Vorhänge in meinem Abteil zu und schlafe über meinen Erinnerungen ein. Der *Starlight* fährt weiter Richtung Sacramento, der Hauptstadt Kaliforniens. Kaum zu glauben, aber wahr – das Provinznest regiert den siebtgrößten Wirtschaftsraum der Welt. In der Nähe des Bahnhofs erfolgte der erste Spatenstich für die *Transcontinental Railroad.* Als die Strecke 1869 fertig war, rückten mit einem Schlag die Verlockungen, Reichtümer, Legenden und vielfältigen Möglichkeiten des Goldenen Westens für jeden in greifbare Nähe, der sich das einen Dollar teure Ticket leisten konnte – der ultimative Ausdruck amerikanischer Demokratie.

Dass wir inzwischen reichlich Verspätung haben, kümmert niemanden. Die Unpünktlichkeit des *Starlight,* häufig *Starlate* genannt, wird sogar unfreiwillig zum Segen: Als ich erwache, sehe ich den von ewigem Schnee weiß schimmernden Mount Shasta (4267 Meter), ein Anblick, den die Nacht gewöhnlich verdunkelt. Mike Chandler, der das *Starlight*-Ruder von Rosenwald übernommen hat, will den Zug pünktlicher machen. »Wenn ihm das gelingt«, so die Eisenbahnautorin Sylvia Blishak, »wird er heilig gesprochen«.

Weiter nördlich weichen Kaliforniens ausgedörrte, ockerfarbene Hügel den von Farnen und immergrüner Flora gesäumten Seen und Wasserfällen Oregons. Am Morgen schlängelt sich der Zug im Zickzackkurs durch die Cascade Range. Als wir in der Nähe des Mohawk Valley die Weyerhaeuser-Papierfabrik passieren, kommt mir der legendäre Holzzug *Mohawk Rocket* in den Sinn, dessen Streckenverlauf von wild wachsenden Apfelbäumen gesäumt wird. Generationen von Holzfällern, die auf den Stämmen mitfuhren, stärkten sich unterwegs mit Äpfeln und warfen die Kerngehäuse auf den Bahndamm – die Saat der heutigen Obstbäume und Ursprung dieser Anekdote aus Oregon. Hinter dem altehrwürdigen Backstein-Bahnhof von Portland überqueren wir den breiten Columbia River. Wie ein Füllhorn nährt der in den Rocky Mountains entspringende Fluss Weizenfelder, Obstplantagen und Lachse, die Markenzeichen des Nordwestens der USA.

Nach gut 34 Stunden läuf der *Coast Starlight* in der *King Street Station* von Seattle ein. Die Metropole des pazifischen Nordwestens erhebt sich höchst reizvoll an einer Meeresbucht mit zahllosen Hügeln und Inseln. Mein Blick fällt auf die Fährschiffe, Totempfähle und die Space Needle vor der herrlichen Hafenkulisse. Was will man mehr?

OBEN: *Der »Starlight«, hier gezogen von zwei dieselelektrischen GE Genesis der Klasse DASH9-P42B, fährt über mehr als 180 Kilometer die Pazifikküste entlang.*

489
488
LOBATO

Denver & Rio Grande Railway

DURANGO & SILVERTON NARROW GAUGE RAILROAD
CUMBRES & TOLTEC SCENIC RAILROAD

Steve Barry

In den späten Achtzigerjahren des 18. Jahrhunderts war das Gebiet der Rocky Mountains überreich an natürlichen, noch ungenutzten Bodenschätzen, darunter auch Silber. Bei der Erschließung dieser Reichtümer legte die schroffe Landschaft den Konstrukteuren der Eisenbahnschienen jedoch sprichwörtlich Steine in den Weg. »Schmalspur« lautete daher die Zauberformel: Statt der gängigen Normalspur (1,435 Meter) verlegten die Arbeiter eine 0,914 Meter breite *Narrow Gauge* in die Rockies.

Die *Denver & Rio Grande* verkehrte von Ouray nordwärts nach Montrose und weiter nach Osten über den Marshall Pass nach Mears Junction, in das südlich gelegene Alamosa, dann Richtung Westen nach Durango und schließlich wieder nordwärts bis Silverton. Obgleich Ouray und Silverton gerade mal 24 Kilometer Luftlinie trennen, verband die beiden Orte ein 830 Kilometer langer Schienenweg.

Die 1891 fertig gestellte *Rio Grande Southern* führte von Durango in Richtung Nordwesten nach Dolores und traf in Ridgeway, etwas nördlich von Ouray, auf die *Denver & Rio Grande.* Hier schloss sich der Schmalspurkreis, der *Narrow Gauge Circle.* In späteren Jahren machten Normalspurstrecken den Schmalspurbahnen immer mehr Territorium streitig, wenngleich die 0,914-Meter-Spur eine gewisse Zeit überlebte. Statt Silber wurden nun besser kalkulierbare Güter wie Vieh, Holz und Kohle transportiert, sodass beide Bahnlinien weitere fünfzig Jahre in Betrieb blieben.

1949 wurde der *Narrow Gauge Circle* erstmals durchbrochen. Nachdem der wachsende Schienenverkehr zunehmend auf die Normalspur überwechselte, entfernte man die durch den Black Canyon of the Gunnison führenden Gleise. Nur sechs Jahre später glich der Kreis einem Trümmerhaufen – lediglich der Abschnitt zwischen Alamosa und Durango sowie Strecken von Durango nach Silverton und Farmington in New Mexico waren noch intakt.

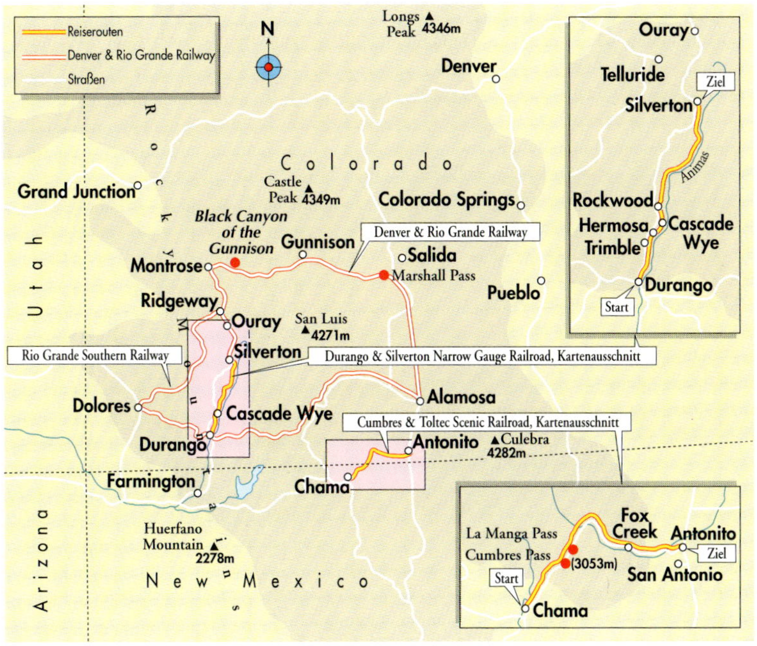

Heute sind zwei Teilstrecken als Überbleibsel der Schmalspurära erhalten geblieben: Die populäre Linie Durango–Silverton, die von der *Durango & Silverton Narrow Gauge Railroad* betrieben wird, und die *Cumbres & Toltec Scenic Railroad,* die das 72 Kilometer lange Teilstück des ursprünglichen *Narrow Gauge Circle* zwischen Antonito in Colorado und Chama in New Mexico bedient. Beide Linien durchfahren herrliche Gebirgsgegenden, durch Wälder und Täler mit ihren Dampfloks, die schon im Dienst der *Denver & Rio Grande Western* standen. Während die *Durango & Silverton* mit ihren namensgebenden Orten von der Tourismusindustrie entdeckt wurden, hat die *Cumbres & Toltec* viel altertümlichen Charme bewahrt.

OBEN: *Die »Durango & Silverton« auf einem Felsvorsprung hoch oben über dem Animas River im Norden von Rockwood.*

GEGENÜBER: *Mit vereinten Kräften ziehen zwei 2-8-2-»Mikado«-Dampflokomotiven die Touristenbahn »Cumbres & Toltec« durch Los Pinos in Richtung Cumbres Pass.*

Durango & Silverton Narrow Gauge Railroad

VON DURANGO NACH SILVERTON

Fast im Verborgenen schnaubt die *Durango & Silverton Narrow Gauge Railroad* durch den südwestlichen Winkel von Colorado. Denver, die nächstgrößere Stadt, ist etwa sieben Autostunden entfernt. Dennoch kommen jährlich über 250 000 Besucher in die abgeschiedene Gegend, um einmal in den Dampfzügen der Schmalspurbahn abseits der Zivilisation die eindrucksvolle Bergwelt der Rocky Mountains von Colarado und das wildromantische Flusstal des Animas River zu erleben. Die Geschichte der *Durango & Silverton* begann in den Achtzigerjahren des 18. Jahrhunderts mit dem Bau des *Narrow Gauge Circle,* dem Schmalspurkreis im Südwesten Colorados. Mit dem Ziel, die Silberminen um Silverton auszubeuten, projektierte die Eisenbahngesellschaft eine Trasse von Durango aus nordwärts am Animas River entlang bis nach Silverton. Nachdem die Silberminen erschöpft waren, diente die Strecke dem Transport anderer natürlicher Rohstoffe aus den Bergen.

Als die Silverton-Linie endgültig ausgedient zu haben schien, entdeckten Touristen die Strecke. In Scharen strömten sie herbei, um in den Zügen die faszinierende Landschaft zu bewundern. Während die Hauptlinie des *Narrow Gauge Circle* aufgegeben wurde, stampften die Dampfloks auf der Silverton-Bahn unermüdlich weiter. Über den letzten intakten Schmalspurabschnitt von Durango nach Alamosa war die Strecke weiterhin mit der Welt jenseits der Rockies verbunden.

Die *Denver & Rio Grande Western* (hervorgegangen aus der *Denver & Rio Grande*) bemühte sich eifrig, die Popularität der Silverton-Linie zu steigern: Die Loks wurden mit rautenförmigen Schornsteinattrappen versehen, ein Großteil der Originalgebäude und Gleisanlagen im Durango-Depot abgerissen. Allerdings blieb dabei viel von ihrem historischen Charme buchstäblich auf der Strecke. Obgleich die Linie sich wachsender Beliebtheit erfreute, kündigte die auf Gütertransport und Normalspur spezialisierte Bahngesellschaft dem Personenverkehr. Kurz nach ihrem einhundertsten Geburtstag 1982 wurde die Strecke an Charles Bradshaw verkauft, einen Geschäftsmann aus Florida. Zur Freude der Eisenbahnfans entfernte er die falschen Schlote und rekonstruierte die ursprüngliche Gestalt der Dampfloks.

Heute ist die 72 Kilometer lange Schmalspurstrecke das ganze Jahr über Anziehungspunkt unzähliger Touristen. Während der Hauptsaison im Sommer starten täglich vier Züge mit bis zu zehn Waggons zu der ganztägigen Reise von Durango nach Silverton; die meisten sind lange im Voraus ausgebucht. Im Winter verkehren die Züge nur bis Cascade Wye und legen damit nur ungefähr ein Drittel der Strecke

OBEN: *Vor der majestätischen Kulisse der Rocky Mountains stampft die »Durango & Silverton«-Schmalspurbahn den Animas River entlang in Richtung Silverton.*

zurück. Dennoch lohnt sich die Reise durch die schneebedeckten Berge und Wälder. Durango ist von jeher eine geschäftige Eisenbahnerstadt, deren Wohlstand die Schmalspurbahnen mitbegründet haben. Wer sich bereits dort auf die Fahrt mit einer authentischen Dampflok einstimmen will, verbringt die Nacht im »Strater Hotel« in der Nähe des Bahnhofs. Die Zimmer sind mit Messingbetten und antiken Holzmöbeln eingerichtet, die nach frischer Politur riechen.

Eine Fahrkarte für die *Durango & Silverton Line* kann man am frühen Morgen am Bahnhof von Durango erwerben. Zur Auswahl stehen Personenwaggons, die wegen der Schmalspurbauweise allerdings ziemlich eng sind und offene Fenster haben, sowie umgebaute dachlose Güterwagen – beide zum gleichen Preis. Die schlichten Wagen sind im gleichen Stil gehalten wie die Originale aus dem Baujahr 1881, was zur einmaligen Atmosphäre dieser Reise beiträgt.

Nach dem Start im modernen Bahnhof von Durango geht es die erste Stunde direkt am Highway 550 entlang. In Hermosa hält der Zug, um Wasser zu tanken. Ein genauerer Blick entlarvt den großen hölzernen Wasserbehälter allerdings schnell als dekorative Attrappe und die moderne stählerne Konstruktion daneben als eigentliche Wasserquelle. Die Strecke setzt sich nun von der Straße ab und taucht ein in die atemberaubende Landschaft des San Juan National Forest. Im Winter eröffnet sich den Passagieren eine herrliche Szenerie schneebestäubter »Weihnachtsbäume«. Der Silverton verlässt nun das flache Tal im Norden von Durango und windet sich über einen schmalen Gebirgspass nach Rockwood. An einer kleinen Reparaturstation vorbei schraubt sich der Zug dicht an einer steilen Felswand entlang durch den Rockwood Cut.

Dann taucht in der Tiefe das malerische Tal des Animas River auf. Die Dampflok leistet Schwerstarbeit auf dem Weg hinauf in die Berge, bis plötzlich die Felswand dreihundert Meter zum reißenden Fluss abfällt, die Gleise nur eine Handbreit entfernt. Spannende Minuten schwebt die Bahn auf einer abenteuerlichen Trassierung über den Canyon – der spektakulärste Abschnitt der gesamten Strecke.

Wenig später liegen Fluss und Gleise wieder auf gleicher Höhe und bis Silverton bleibt der Animas in Sichtweite. Hinter dem exklusiven Urlaubsort Tall Timbers, der nur per Zug oder Hubschrauber zu erreichen ist, führt der letzte Teil der Route durch eine zerklüftete Bergwelt. Vor der herrlichen Kulisse der Schneegipfel windet sich der Zug nun durch den Canyon, bis sich das schmale Tal öffnet und den Blick auf die staubigen Straßen und modernen Geschäfte der alten Silberbergbaustadt Silverton freigibt.

LINKS: *Einfahrt in den Bahnhof – Lok Nr. 476 der Klasse K28 mit einem von täglich vier Zügen der »Durango & Silverton Line«.*

Cumbres & Toltec Scenic Railroad

VON CHAMA NACH ANTONITO

Die Linie Chama–Antonito der *Cumbres & Toltec Scenic Railroad* führt über die letzten verbliebenen 103 Kilometer des ursprünglich 830 Kilometer langen *Denver & Rio Grande Narrow Gauge Circle*. Die Strecke beginnt in dem kleinen, verschlafenen Ort Chama in New Mexico, wo die Zeit seit den Fünfzigerjahren des 20. Jahrhunderts stehen geblieben zu sein scheint. Sie endet in Antonito im Staat Colorado.

Nehmen Sie sich vor der Abfahrt ruhig etwas Zeit für den sehenswerten Rangierbahnhof in Chama, der viel von seinem ursprünglichen Charakter aus der Mitte des letzten Jahrhunderts bewahrt hat. Am Lokschuppen kann man beobachten, wie die alten Dampfloks sorgfältig für die Reise vorbereitet werden. Wenn die stählernen Ungetüme ihren Dampf in die kühle Bergluft der Rocky Mountains stoßen, kommen nicht nur furchtlose Fotografen auf ihre Kosten.

Zwei bis drei Lokomotiven sind notwendig, um den Zug von Chama, das bereits auf 2396 Metern liegt, bis zum Gipfel am Cumbres Pass auf 3053 Meter Höhe zu ziehen. Die Dampfloks führen alle die als »Mikado« bekannte Achsfolge 2-8-2. Die kleinste in der Flotte, Nr. 463, gehörte einst dem Filmstar Gene Autry. Die aus geschlossenen Güterwagen umgebauten Reisezugwagen sind einfach ausgestattet und haben offene Fenster.

Um auch wirklich den schönsten Ausblick genießen zu können, sollten Sie sich einen Platz auf der rechten Seite des Zuges sichern. Mit zwei kräftigen Pfiffen setzt sich die Lok in Bewegung. Kurz nach dem Überqueren des Chama River erblickt man mitten auf einer Wiese die alte Westernstadt Lobato, die vor Jahren als Drehort für einen Film gebaut wurde. Heute ist sie verlassen und für die Öffentlichkeit nicht zugänglich. Kurz danach passiert der Zug die Lobato Trestle, die erste einer ganzen Reihe von stählernen Hochbrücken.

Sobald der von schmelzendem Schnee gespeiste Bergbach überquert ist, beginnt die Reise interessant zu werden. Wiesen und immergrüne Wälder weichen einer kargen Felslandschaft. Das Ächzen und Stöhnen der Lokomotiven wird immer lauter, während sie den mühsamen Anstieg der vierprozentigen Steigung beginnen. Für Eisenbahnfans ist dies zweifelsohne der spektakulärste Streckenabschnitt, denn nichts geht über den Anblick einer Dampflokomotive, die an einem Berg alles gibt. Nach dieser ersten Klettertortur verlangen die Lokomotiven nach Wasser, das sie bei einem Stopp am Cresco Water Tank

OBEN: Eine 2-8-2-Schmalspur-Lokomotive aus der »Cumbres & Toltec«-Flotte überquert in einer Höhe von 3053 Metern den Cumbres Pass.

aufnehmen. Hinter Cresco schwingt sich der Zug über die *Colorado Route 17,* um mit neuem Elan kräftig Anlauf für den letzten Steilanstieg nach Windy Point zu nehmen.

Auf dem Cumbres Pass kommt der Zug kurz zum Stehen, ein Schwindel erregender Blick bietet sich den Passagieren in das tief unten liegende Tal. Von nun an geht es nur noch bergab, sodass eine der Dampfloks in Cumbres zurückgelassen werden kann. Hinter Cumbres schlängelt sich der Zug durch die berühmte Tanglefoot-Kehre und trifft ein Stückchen weiter wieder auf die *Route 17,* vorbei an einer Reihe von Neubauten entlang der Straße. Am Los-Pinos-Tank wird noch einmal Wasser gefasst. Die nächsten 80 Kilometer bis Osier ziehen sich durch nahezu menschenleeres Land.

Zwischen Los Pinos und Osier verlässt der Zug die Talebene und folgt der Felswand an der Schlucht entlang. Dicht an den Berg gedrängt geht es langsam abwärts ins grüne Tal zur *Cascade Trestle,* einer der eindrucksvolleren Brücken der Strecke. Die Brückenböcke unter uns sind nur zu erahnen, und es scheint, als hinge der Zug buchstäblich in der Luft, in schwindelnder Höhe über dem felsigen Wildwasserbach. Ein paar Kilometer weiter in Osier treffen wir auf den Gegenzug aus Antonito. Nun erwartet die Fahrgäste ein heißes Mittagessen.

In der Zwischenzeit werden die Lokomotiven umgekoppelt, sodass die Züge immer zu ihrem jeweiligen Ausgangspunkt nach Chama oder Antonito zurückkehren. Nur die Dampfloks fahren in dieselbe Richtung weiter, so braucht man sie nicht zu wenden.

Einige Kilometer östlich von Osier passiert der Antonito-Zug den Rock Tunnel und stößt an der atemberaubenden Toltec Gorge wieder hinaus ins Tageslicht. Dicht an der Bergwand entlang schlängeln sich die Gleise vorbei an zahlreichen bizarren Felsformationen und durch die Phantom Curve, eine Folge wilder Felsentürme. Im Herbst verwandelt das bunte Laub der Espen die Berghänge in ein leuchtend goldenes Meer. Der Mud Tunnel ist der zweite und letzte Tunnel der Strecke und nach einigen Kilometern erreicht der Zug die verlassene Eisenbahnstadt Sublette, wo die Dampflok noch einmal ihren Durst löscht.

Der letzte Teil der Route führt die Reisenden aus Chama durch eine völlig andersartige Landschaft. Langsam umfährt der Zug die Hügel hinunter nach Antonito und die Bäume weichen allmählich weitem Steppenland. Wenig später taucht die Stadt in der Ferne auf. Obwohl es von hier aus nur noch zehn Kilometer Luftlinie bis nach Antonito sind, legt sich der Zug genüsslich in die Kurven, passiert die Whiplash Curve, eine Dreifachkehre, und ist schließlich nach zwanzig Kilometern am Ziel.

LINKS: *Kurz hinter Chama in New Mexico fährt der »Cumbres & Toltec« bei Lobato durch eine sanfte Wiesenlandschaft.*

Die Kupferschlucht-Bahn El Chepe

VON EL FUERTE NACH CHIHUAHUA

Philip Game

Tief in der Sierra Madre im Nordwesten Mexikos liegt die Barranca del Cobre, die »Kupferschlucht«, ein Schluchtensystem, das an Länge und Tiefe selbst den berühmten Grand Canyon in Arizona übertrifft. Als die Spanier vor 300 Jahren auf der Suche nach Kupfer das Gebiet entdeckten, fanden sie in den Tälern reiche Gold- und Silbervorkommen. Sie transportierten die kostbaren Barren über den *Camino Real,* die »Königsstraße«, die bis heute als Reitweg benutzt wird. Durch diese wilde Bergwelt der Sierra Madre windet sich eine der spektakulärsten Bahnstrecken der Welt. Von der dunstigen, tropischen Pazifikküste des Bundesstaates Sinaloa führt sie auf nur 653 Kilometern über 39 Brücken und durch 86 Tunnel hinauf bis auf 2400 Meter Höhe in die mit Kiefern bedeckten Berge der Sierra Tarahumara und durchquert die wogenden Weizenfelder des Altiplano.

Die Trasse für den *Ferrocarril Chihuahua al Pacífico (ChP),* Einheimischen besser als *El Chepe* bekannt, wurde 1961 fertig gestellt – ein Jahrhundert nachdem der amerikanische Ingenieur und Glaubenseiferer Albert Kinsey Owens seinen wahnwitzigen Plan, den Mittleren Westen der USA mit der mexikanischen Pazifikküste zu verbinden, in die Tat umzusetzen begann. Als ich mit dem Bus südwärts am Pazifik entlangfahre, muss ich feststellen, in welch erbärmlichem Zustand die mexikanische Bahn ist: In dem außerhalb von Guaymas gelegenen Empalme reihen sich kilometerlang ausgediente Personen- und Güterwagen auf stillgelegten Rangiergleisen und rosten vor sich hin. Das Unternehmen *Ferrocarril Mexicano* wurde im Februar 1998 im Zuge der Privatisierung der staatlichen Eisenbahn gegründet. Heute betreibt *Ferromex* die Linie von Los Mochis (gegenüber der Südspitze von Baja California) nach Chihuahua im Zentrum des Landes, wo der Zug nach zwölfstündiger Fahrt endet. Die Highlights dieser Strecke liegen auf dem Abschnitt zwischen El Fuerte und Creel in der Sierra. Drei einzigartige Cañons – Septentrión, Urique und Tararécura – können Bahnreisende hier bestaunen. In der Ferne ist ein vierter auszumachen: die Barranca del Cobre (»Kupferschlucht«), die der Region ihren Namen gab.

Die Barrancas sind Siedlungsgebiet der Tarahumara-Indianer, die sich selbst Rarámuri, »Läufer«, nennen – eine treffende Bezeichnung, da sie berühmt sind für ihre Ausdauer beim Laufen, durch die sie tagelang Wild jagen können ohne auszuruhen. Während der Semana Santa, der Karwoche, führen die

OBEN: *Den Stopp in der ehemaligen Bergbaustadt Batopilas versüßt der Junge mit Karamelläpfeln.*
RECHTS: *Der »Ferrocarril Chihuahua al Pacífico« auf einem Rangiergleis an der Posada Barrancas. »El Chepe«, wie Einheimische den Zug nennen, wird von General-Electric-Loks GP38-2 und GP40-2 gezogen.*

CLASE ECONÓMICA
Fe roca
Mex cano
CHIHUAHUA PACIFICO

Tarahumara Tänze auf bzw. veranstalten rituelle Wettläufe, bei denen sich alter Stammesglaube mit Bräuchen des im 17. Jahrhundert von den Jesuiten eingeführten Katholizismus vermischt.

Als Reisezeit für die Sierra Madre eignet sich neben der Semana Santa auch der Frühherbst, wenn ein sanftes Grün die Schluchten überzieht und sich in der Morgendämmerung der Nebel langsam hebt. Schmale Straßen winden sich in die tropische Schwüle der Schluchten hinab – die sechsstündige Fahrt von Creel in die 2000 Meter tiefer gelegene alte Bergbaustadt Batopilas ist wohl eines der größten Busabenteuer der Welt.

Die Busfahrt von Los Mochis landeinwärts verrät, warum sich die meisten Reisenden die erste Bahnetappe sparen: 80 Kilometer schnurgerade Strecke über staubiges Ackerland. Da ist die Zeit schon besser in eine Besichtigung von El Fuerte investiert. 1564 wurde es als Garnisonsstadt von den *Conquistadores* gegründet. Die ehemalige Hauptstadt von Sinaloa lädt mit ihrem schönen Zócalo, der Pfarrkirche und einem Museum zum Verweilen ein. Sehenswert ist auch die »Posada del Hidalgo«, eine zum Hotel umgewandelte Hazienda aus dem 19. Jahrhundert mit schattigen Kolonnaden und blühenden Patios. Im »Kuriositätenladen« der Anlage kaufe ich am nächsten Tag mein Ticket für den Erste-Klasse-Zug.

Es ist sechs Uhr morgens in El Fuerte. Über den Sperrholzständen auf den kopfsteingepflasterten Straßen brennt Licht. Der Duft von Kaffee, hei-

LINKS: *Der »Ferrocarril Chihuahua al Pacífico« erklimmt die Berge bei Témoris.*
GEGENÜBER OBEN: *In El Fuerte, einem hübschen Kolonialstädtchen aus dem 16. Jahrhundert, beginnt »El Chepe« den Anstieg in die Sierra Tarahumara.*
GEGENÜBER UNTEN: *Tarahumara-Indianer in Batopilas.*

ßer Schokolade und würzigen *taquitos* kitzelt in der Nase. Am Bahnhof außerhalb des Ortes drängen sich nordamerikanische Reisegruppen, selbstgenügsame Bahnabenteurer und sehnige Rucksacktouristen auf dem Bahnsteig. Als *El Chepe* endlich einfährt, ist es kurz vor acht. Die Ausstattung des Zuges ist mustergültig, wenngleich sich der Service als etwas phlegmatisch herausstellt. Vier Bedienstete vertilgen in aller Gemütsruhe ein herzhaftes Frühstück, bevor sie sich meinen bescheidenen Wünschen zuwenden.

Der Erste-Klasse-Zug *(Primero)* verfügt über meist vier Personenwagen für je 68 Passagiere, einen Speisewagen mit 41 Plätzen und einen Salonwagen mit Bar, allesamt im Oktober 1999 restauriert. Die Waggons sind mit Teppich, verstellbaren Sitzen, Klimaanlage, Heizung und modernen Waschräumen ausgestattet. Die einst schmuddelige und unbequeme Economy Class wurde mit einem Kühlungs- bzw. Heizungssystem, neuen Sitzen und Toiletten, einer Snackbar und – zur Freude der Radfahrer – einem Waggon für kleinere Gepäckstücke wesentlich verbessert.

Der Anstieg in die Berge beginnt am späten Morgen bei Témoris, wo der Zug mit einer Dreifachkehre die Schlucht des Río Septentrión passiert. In der Flussebene liegen Hütten aus Wellblech und Lehmziegeln umrahmt von Maisfeldern. Dann überquert der Zug zwei Brücken, um anschließend in entgegengesetzter Richtung weiter an Höhe zu gewinnen und nach einigen Schleifen in einem langen Tunnel zu verschwinden. Bis Mittag schiebt sich *El Chepe* über Höhenzüge, auf denen Kiefern, Eichen und Wacholder wachsen, hinauf auf ein felsiges Plateau – mit den Nadelbäumen erinnert es an Mitteleuropa. An der Station Posada Barrancas balanciert das aprikotfarbene Luxushotel »Posada Barrancas Mirador« auf der äußersten Kante der Schlucht, und dies 2200 Meter über dem Meeresspiegel. Zehn Minuten später ein viertelstündiger Fotostopp am Rande des Cañons in Divisadero, wo unzählige Kleinhändler *burritos,* Postkarten und allerlei Kunsthandwerk feilbieten. Am späten Nachmittag rumpelt die Lokomotive in den Bahnhof Creel. Es ist ein raues Holzfällernest in einem *arroyo.* Pyramidenpappeln schimmern im Licht der untergehenden Sonne und an die Flanke des steilen trockenen Tales drängen sich Souvenirläden, allerlei Geschäfte für Hüte, Stiefel oder Konserven und die einfachen Unterkünfte im Hüttenstil.

Von Creel aus sind es noch fünfeinhalb Stunden bis zur Endstation Chihuahua. Nach der herben Wildnis der Sierra Madre und den hoch gelegenen, wogenden Weizenfeldern des Altiplano erscheint die quirlige Großstadt als glitzernde Oase funkelnder Lichter. Sechsspurige Boulevards ziehen sich kilometerlang an Supermärkten und Gebrauchtwagenfirmen vorbei, während das würdevolle Zentrum viktorianisches Flair verströmt. Wir befinden uns im Land des weiten Himmels und der ausgedehnten Wüsten, in dem sich einzelne Ranchos und Haziendas vom Horizont abheben. Dies ist der »Wilde Westen« Mexikos mit seinen riesigen Viehherden und waghalsigen Cowboys. Der Staat Chihuahua ist so groß wie Frankreich und weder

die Stadt noch der Staat dulden Anspielungen auf irgendeine Beziehung zu einer gewissen Rasse winziger Hunde. Ich brauche eine Weile, bis ich mich an den Rhythmus dieser Stadt gewöhnt habe. Am Nachmittag sind die Straßen wie ausgestorben, das Licht ist grell und hart. Gegen halb fünf wird die Hitze erträglicher, Menschen bevölkern allmählich die Straßen, Kioskbuden öffnen ihre Verschläge und der Markt füllt sich langsam mit Leben.

In der Calle Victoria vertreiben sich junge, reiche Frauen die Zeit im »Café de los Milagros«, Bühne einer globalen Inszenierung, schick, kultiviert und mondän wie in jeder anderer Großstadt: Designercocktails, exotische Kaffees und edle Schlemmereien in einer historischen elfenbein-blauen Villa. *El Chepe* hat mir die vielen Gesichter Mexikos gezeigt – von den einfachsten Hütten der winzigen Tarahumara-Dörfer bis zu den prächtigen Kolonialgebäuden der lebendigen Industrie- und Handelsstadt Chihuahua.

45
45

Die Puno-Cusco-Bahn

VON PUNO NACH CUSCO

Graham Simmons

Mit einer Höhe von 4780 Metern über dem Meeresspiegel rühmt sich das peruanische Galera auf der abenteuerlichen Bahnstrecke Lima–Huancayo der höchstgelegene Normalspur-Bahnhof der Welt zu sein. Bis vor kurzem wurde er ausschließlich für den Güterverkehr genutzt. Doch damit der Superlative nicht genug. Auch der weltweit höchstgelegene Reisezugbahnhof, La Raya, befindet sich in Peru – ebenfalls in den Anden auf der Strecke von Puno nach Cusco.

Die peruanische Eisenbahn blickt auf eine stolze Geschichte zurück. Mitte des 18. Jahrhunderts entdeckte das nordamerikanische und europäische Kapital das unternehmerische Potenzial Südamerikas. Die enormen Schätze von Peru und Bolivien, darunter die riesigen Erzvorkommen der Anden und der Kautschuk des Amazonas-Gebietes, warteten geradezu auf ihre Ausbeutung. Also wurden Eisenbahnen konstruiert, die die wichtigsten Städte beider Länder miteinander verbinden sollten. Der Bau des Schienennetzes durch die unwegsame Bergwelt der Kordilleren zählt zu den größten Pionierleistungen der Eisenbahngeschichte. Erst im Jahr 1907 entstand auf Veranlassung der Briten die Puno-Cusco-Bahn, die hauptsächlich dem Handel mit Alpakawolle diente. Puno ist eine malerische Hafenstadt am Ufer des Titicaca-Sees, dem mit 3800 Metern höchstgelegenen schiffbaren See der Welt. Ein Schild am städtischen Krankenhaus wirbt mit »Psychologischer Test für Autofahrer«! Will man sich als Autofahrer nicht der Konkurrenz der halsbrecherisch-wagemutigen Lastwagenfahrer aussetzen, die mit ihren Gefährten über die Landstraßen jagen, oder in ratternden und überfüllten beziehungsweise durch die Scheiben abgedunkelten Autobussen unterwegs sein, dann ist die Bahn eine wirklich aussichtsreiche Alternative.

Der Zug nach Cusco verlässt um 7.30 Uhr den Bahnhof von Puno. In den späten Neunzigerjahren, als noch Scharen von Händlern Zug und Touristen belagerten, war bereits das Einsteigen ein kleines Husarenstück. An Bord des Zuges konnte man dann sicher sein, von seinen Habseligkeiten erleichtert zu werden, sobald man sie auch nur eine Sekunde aus den Augen ließ. Die Behörden hatten ein Einsehen – das Image war schädlich, die Tatsachen noch schädlicher. So postierte man Sicherheitsbeamte am Bahnhofseingang, die Händler und andere wenig Vertrauen erweckende Personen schon vor dem

OBEN: *Reisende im Süden Perus. Vor ihrem liegen gebliebenen Zug harren sie der Dinge, die da kommen.*
LINKS: *Der Zug von Puno nach Cusco auf der Höhe von Blanca in Zentralperu. Zehn Stunden braucht die Diesellokomotive vom Typ 352 für die 408 Kilometer lange Strecke durch die Berge.*

Bahnsteig abfangen sollten. Seither können Bahnliebhaber diese großartige Reise auch ohne Angst vor Diebstahl genießen.

Der Zug von Puno nach Cusco bietet den Reisenden vier Preiskategorien. Die zweite Klasse ist besonders bei Einheimischen beliebt, daher häufig überbucht und mit Komfort dürfen Sie hier keinesfalls rechnen. Bei der Wahl der Sitzplätze gilt das Prinzip: »Wer zuerst kommt, mahlt zuerst.« Schon etwas bequemer sind die Waggons der ersten Klasse, die von Rucksacktouristen, Vertretern und Studenten bevorzugt werden und in der Platzreservierungen möglich sind. Die Pullman-Klasse ist für anspruchsvollere Kunden gedacht – und wird von Offizieren des Militärs sowie örtlichen Honoratioren gebucht. Entgegen meinen sonstigen Gewohnheiten entscheide ich mich für das Luxusticket, die Inka-Klasse: Für einen kleinen Aufpreis reise ich in stilechter Manier mit livrierten Kellnern, die kostenlos Getränke und Delikatessen servieren.

Doch auch die Inka-Klasse garantiert keine sanfte Fahrt wie auf orientalischen Ruhekissen. Obgleich in Peru Züge ohne jeden Komfort keine Seltenheit sind, deklassiert sie der Zug von Puno nach Cusco samt und sonders: Neben dem berüchtigten rhythmischen Schlag an den unverschweißten Gleisnähten lässt das konstante Schaukeln und Schütteln der Wagen die Räder oval statt rund erscheinen. Mit dem Schlingern und Schwanken in jeder Kurve gleicht die Zugreise einer Achterbahnfahrt, die keinen schwachen Magen duldet. Trotz alledem lassen die Ausblicke auf die atemberaubende Landschaft der Hochanden die holprige Fahrt schneller als gedacht vergessen. Sobald der Zug zu seiner zehnstündigen Reise in

Richtung Norden den Bahnhof verlässt, sind die Augen gebannt von der faszinierenden Welt des Altiplano, die weltweit ihresgleichen sucht.

Die Puno-Cusco-Linie bietet viel Stoff zum Erzählen. Bevor der Bahnbetrieb einigermaßen funktionierte, waren Verspätungen weit über das erträgliche Maß mit Ankünften mitten in der Nacht und endlosem Warten in eiskalten, unbeleuchteten Waggons an der Tagesordnung. Ein Mitreisender berichtet, wie der Zug einmal in Juliaca eine Stunde und fünfzehn Minuten wartete, während der Lokführer die Gegend nach dem günstigsten Öl absuchte. Auch die Lokomotiven gaben Anlass zur Sorge. Loks unterschiedlichster Traktion, Größe und Form zogen die Wagen und blieben nicht selten auf halbem Wege stehen. Heute sorgen zuverlässige Diesellokomotiven für Pünktlichkeit.

Die Linie Puno–Cusco führt von dem Aymará sprechenden Gebiet um den Titicaca-See zur Quechua-Region mit dem Zentrum Cusco. Der türkisblaue See und seine Inseln galten den Aymará-Indianern als heilig. Ihr Stamm hat sich eigenständig von den anderen Hochlandkulturen entwickelt und einst auch seine kulturelle Unabhängigkeit von den Inka bewahrt. Bis in die Gegenwart machen die Aymará einen Großteil der Bevölkerung um den See aus. Ihre Sprache ist wie das Quechua, die alte Sprache der Inka, hier nach wie vor lebendig. Mit dem heiligen See untrennbar verbunden ist die Ursprungslegende der Inka: Die mythischen Gründer des Inka-Reiches, Manco Capac und seine Schwester-Gemahlin Mama Ocllo, sollen dem Titicaca-See entstiegen sein, um den Menschen die Kultur zu bringen und sie die Verehrung ihres Vaters, des Sonnengottes Inti, zu lehren. Von übernatürlichen Kräften geleitet führten sie ihren Stamm zu einer hoch in den Bergen liegenden Festung, der späteren Stadt Cusco.

Die Strecke nördlich von Puno nennt man den *Corredor Quechua,* der das in der Aymará-Region gelegene Puno mit Cusco verbindet, dem kulturellen und administrativen Mittelpunkt des Inka-Reiches. Der erste Halt ist die archäologische Stätte Sillustani mit den berühmten *Chullpas,* den weithin sichtbaren Grabtürmen der Colla-Kultur. Die meist runden Mausoleen

OBEN: *Schmale Eisenbrücken überspannen die reißenden Gebirgsbäche in der zerklüfteten Felsenwelt der Anden. Die wilde Schönheit der kargen Landschaft versöhnt für die Strapazen der holprigen Fahrt.*

OBEN: *Diesellokomotiven haben mittlerweile die Dampfloks ersetzt, die lange Zeit die Berge hinauf- und hinunterfauchten. Dieser Zug steht im Bahnhof von Cusco, bereit zur Abfahrt nach Puno.*

mit einer nach Osten orientierten Öffnung bergen die Mumien einzelner Adliger oder ganzer Adelsfamilien. Man glaubte, die aufgehende Sonne würde in das Grab eindringen und die Personen zu neuem Leben erwecken. Der 100 Kilometer nördlich von Puno gelegene Ruinenkomplex Pukará ist berühmt für seine blockartigen Steinstatuen und sehr schönen Keramiken. Einheimische verkaufen entlang der Gleise Nachbildungen der hier gefundenen Keramikstiere. Bis zur Ankunft der Spanier im Jahr 1600 waren Stiere in Peru unbekannt, heute zieren die Figuren jedes Dach in der Gegend.

In dem geschäftigen Juliaca treffen die Linien aus dem südlichen, nur 50 Meter tiefer gelegenen Puno und jene aus dem südwestlichen Arequipa zusammen. Rund 20 Kilometer weiter passieren wir Lampa, einen hübschen kleinen Ort mit einer wundervollen Kirche, *La Inmaculada,* die angeblich eine Kopie von Michelangelos »Pietà« birgt. Die nahe gelegene Kleinstadt Chuquibambilla ist der Sitz der *Universidad Nacional del Altiplano,* in der Forscher versuchen, Lamas und Alpakas zu kreuzen. Ziel des Experiments ist eine Wolle, die die Feinheit von Alpaka und die Robustheit der Lamahaare vereint. Zudem soll das Fleisch einer solchen Kreuzung schmackhafter und zarter sein als Lamafleisch, das eine wichtige Nahrungsquelle der Indianer ist. In Ayaviri probiere ich eine regionale Spezialität, die von einem der zahllosen Verkäufer vor den Zugfenstern angepriesen wird: Ayaviri-Hammel. Nach einem Bissen ist mir klar, dass dies wohl eine strikt regionale Spezialität bleiben wird.

Fast 40 Kilometer nördlich von Ayaviri in 4000 Meter Höhe liegt die für ihre Stierkämpfe bekannte Stadt Santa Rosa. Als einzigartige Kulisse erhebt sich der Doppelgipfel von Kunurana und Chinmoya – beide mehr als 5000 Meter hoch – über der Stadt. Der Kunurana, bekannt als »Gletscher des ewigen Eises«, liegt eingebettet in den nordwestlichen Kordilleren rund um den Titicaca-See. Hier entspringt der Vilcanota, der sich mit dem von Cusco kommenden Huatanay vereint, als Urubamba zum Río Ucayali fließt und dieser sich wiederum mit dem Marañón verbindet, ehe sich die Fluten in den mächtigen Amazonas ergießen.

Der von eisigem Schneetreiben begleitete Anstieg nach La Raya bringt uns in 4281 Meter Höhe zum höchstgelegenen Punkt der Reise. Vor dem Horizont zeichnen sich die schneebedeckten Berggipfel ab – wie Scherenschnitte vor einem samtweichen Hintergrund. Während uns die dünne Luft zu unfreiwilligen Atempausen zwingt, spielen uns lokale Musiker ein Ständchen. In der dünnen Luft muss man etwa doppelt so häufig atmen wie auf Meereshöhe, um die gleiche Menge Sauerstoff aufzunehmen. Die Einheimische raten zur heilkräftigen Dosis von täglich mehreren Tassen Kokatee *(mate de coca),* der die Bronchien weitet und so das Atmen erleichtert.

Der Endpunkt der Strecke war lange Zeit das auf 3960 Meter gelegene Sicuani, das als traditionelle Hochburg von Dichtern und Autoren gilt – die idyllische Umgebung liefert sicherlich genügend Inspiration. Die einzige mir bekannte Gegenwartsautorin, die diesen Ruf bestätigen könnte, ist Fanni Muñoz Cabrejo mit ihrem 1999 erschienenen Werk »El vuelo del Dragón. La cultura del opio en la Lima del novecientos«. (»Der Flug des

Drachen. Limas Opiumkultur im 19. Jahrhundert«). In Sicuani wird jeden Sonntag ein bunter Markt abgehalten, auf dem man hervorragendes traditionelles Kunsthandwerk, Strickmützen, Ponchos und Teppiche aus Alpakawolle erstehen kann. 25 Kilometer nordwestlich von Sicuani befindet sich die Tempel- und Siedlungsruine Raqchi (nahe San Pedro), die alljährlich Mitte Juni zum Schauplatz des größten Folklorefestivals in Peru wird. Aus dem Zugfenster sind die Reste des Tempels, den die Inka ihrem Schöpfergott Viracocha weihten, deutlich zu erkennen.

15 Kilometer weiter passiert der Zug Tinta, den Ursprungssort der Guerillabewegung Túpac Amaru, der gemeinhin die geplante Zerstörung (nicht Erschaffung) des Universums vorgeworfen wird. Die nächste bedeutende Stadt ist Andahuaylillas. Ihre Jesuitenkirche aus dem 17. Jahrhundert wird wegen ihrer heiteren Ausmalung häufig als »Sixtinische Kapelle der Anden« bezeichnet. Die meisterhaften Fresken und Gemälde sind zwar noch nicht vollständig restauriert, lohnen jedoch den Besuch.

Hinter Huambutió beginnt einer der landschaftlich schönsten Abschnitte der Reise. Das Flusstal zweigt hier vom *Corredor Quechua* ab, die Kargheit des Altiplano, der Hochebene, weicht üppiger Vegetation, die trockene Luft wandelt sich zu drückender Schwüle und ein leises Rinnsal zum tosenden Strom des Urubamba.

Nach weiteren 40 Kilometern erreichen wir Cusco, das 300 Jahre lang für die Inka der »Nabel der Welt« war. Obgleich ich von der zehnstündigen Zugfahrt müde und erschöpft bin, zieht mich diese Stadt unweigerlich in ihren Bann. Seiner unglaublichen Schönheit wegen wurde Cusco von der UNESCO zum »Weltkulturerbe« ernannt. Die prächtigen Kolonialbauten und die Ruinen majestätischer Inka-Baukunst haben von jeher Besucher aus aller Welt fasziniert.

Unter der Regentschaft von Pachacútec Yupanqui formierte sich im frühen 15. Jahrhundert ein riesiges Imperium, das sich binnen kürzester Zeit das gesamt Hochland zwischen Kolumbien und Chile mit einer Bevölkerung von rund zwölf Millionen Menschen einverleibte. Das Interesse der spanischen *Conquistadores* galt natürlich der an Gold überaus reichen Hauptstadt der Inka. Nach der Ermordung des Herrschers Atahualpa im Jahr 1533 hatten über 30 Jahre lang abwechselnd die Spanier und die Inka die Kontrolle über den Zankapfel Cusco. Der letzte Inka-Herrscher Túpac Amaru wurde schließlich 1571 in Cusco von den Spaniern zum Tod verurteilt und öffentlich enthauptet. Spanischer Bauwut verdanken wir unter anderem die prächtige Kathedrale, die noch heute die Plaza beherrscht. Um einige der schönsten Zeugnisse der Inka-Kultur zu sehen, muss man ebenfalls nicht weit reisen. Nur einen Steinwurf entfernt thront auf einem Plateau die berühmte Festung Sacsayhuamán, ein Meisterwerk der Steinmetzkunst, das im gesamten Inka-Reich seinesgleichen sucht.

Als ich am nächsten Morgen durch die Straßen von Cusco spaziere, vorbei an Touristen, Handwerkern und Musikern, wird mir klar, dass meine Reise hier ihren Höhepunkt hat – denn das Ziel der Bahn von Puno nach Cusco ist mindestens genauso beeindruckend wie die Fahrt selbst.

OBEN: *Musiker in La Raya, mit 4281 Metern der höchste Punkt der »Puno-Cusco-Bahn«. In dieser Höhe scheint die Musik himmlischen Ursprungs zu sein.*

KARHU
KARHU

EUROPA

The Royal Scotsman

VON EDINBURGH DURCH DIE HIGHLANDS

Tom Savio

Unter den erlesenen Gewächsen edler Personenzüge gibt es kein wertvolleres Gütesiegel als das Prädikat *Royal Train* – königlicher Zug. Der erste *Royal Train* wurde 1840 zusammengestellt; heute ist die weltweit letzte vollständige Brigade von Salonwagen und Lokomotiven im Besitz der englischen Krone und steht ausschließlich in königlichen Diensten. Der majestätische »Kreuzfahrtzug« *Royal Scotsman* will sich dieser Königsklasse würdig erweisen – obgleich seine Passagiere entschieden republikanisch sind.

Der *Royal Train* und der *Royal Scotsman* haben weit mehr als nur ihren Namen und das bordeauxrote Gewand gemeinsam. Beide Züge sind nicht nur Transportmittel, sondern dienen auch als bequeme, stationäre Übernachtungsquartiere. Ruft eine feierliche Investitur ein Mitglied des Königshauses in eine ferne Grafschaft, setzt sich der *Royal Train* bereits am Vorabend in Bewegung, sodass der königliche Repräsentant samt Belegschaft am Morgen ausgeruht vor Ort ist. In ähnlicher Manier bietet der *Royal Scotsman* seinen Gästen nach einem ereignisreichen Tag ein nächtliches Ruhekissen, sodass sie am nächsten Morgen bei einem Frühstück aus gefüllten Eiern und geräucherter Forelle die Fahrt zum nächsten Zielort entspannt fortsetzen können.

Allerdings gibt es zwischen den beiden *Royals* der Schienen neben den verschiedenen Ahnentafeln der Passagiere auch einige augenfällige Unterschiede. Sind die Waggons des Hauses Windsor eher konservativ-zurückhaltend eingerichtet, wirkt die Innenausstattung des *Royal Scotsman* überaus edel. Von den winzigen verzierten Nähkästchen bis zu dem prächtigen Tafelservice mit dem Emblem der *Great Scottish & Western Railway Company*, der Betreibergesellschaft des Zuges, sind alle Details handgearbeitet und mit Gold, Silber, Bronze und Kupfer verziert. Für den *Royal Train* ist die Einhaltung des königlichen Fahrplans oberstes Gebot. Dafür sorgen *»Prince William«* und *»Prince Henry«* – zwei akribisch gewartete Lokomotiven ihrer Majestät, die vor jedem anderen Zug Vorfahrt genießen. Obgleich *The Royal Scotsman* den *Royal Train* an Eleganz übertrifft, sind seine Lokomotiven mit Dieselantrieb »Alltagsware«. Die *English, Welsh and Scottish Railway* (EWS) bevorzugt für den *Scotsman* »reifere« Modelle, die für die leichte Beanspruchung auf Schottlands Nebenstrecken geeignet sind: etwas verlebt, störrisch und kurzatmig.

OBEN: *Tea Time – auch für Nick Capon und Alan Mathieson, die Köche des »Royal Scotsman«.*

LINKS: *Entlang der Kyle-Linie, westlich von Inverness, gleicht das kahle, weite Land einer mit Heidekraut überzogenen Wüste. Die komplette Reise ist eine Tour-de-luxe durch die schottischen Highlands.*

VORHERGEHENDE SEITEN: *Norwegen reist per Bahn zum Wintersport.*

Demnach war es keine Überraschung, als unsere bärbeißige Diesellok zur Abfahrtszeit in der *Waverly Station* in Edinburgh durch Abwesenheit glänzte. Als der Zug schließlich – fast eine Stunde später – zusammengekoppelt war und der Proviant für die fünf Tage verstaut, stießen wir auf das bevorstehende Abenteuer an. Ein einsamer Dudelsackspieler blies uns ein Abschiedsständchen, während der Zug aus dem Bahnhof rollte. Zu meinen Mitreisenden gehörten 29 Amerikaner, drei Belgier und ein vornehmes englisches Ehepaar, das das familieneigene Betongeschäft aufgegeben hatte, um es einmal mit Hubschraubern zu probieren. Und Royals? Diesmal offenbar keine.

Verspätete Züge, so heißt es, holen ihren Zeitverlust nie auf. Und so brach auf der sagenumwobenen West-Highland-Linie bereits die Dunkelheit herein. Unser Ziel war Inverawe mit der späten Besichtigung einer schottischen Räucherei. Die Suche nach dem richtigen Weg überließen wir den Scheinwerfern unseres Busses, der uns am Zug abgeholt hatte. Nun gehört das Aufspreizen von Lachsen in einer Räucherei zu den wohl eher ungewöhnlichen Abendunterhaltungen, doch unsere Gastgeber, die Campbell-Prestons, widmen sich dieser Aufgabe rund um die Uhr. Die Dunkelheit, glühende Kohlen und aufsteigende Rauchschwaden verliehen dem Ganzen eine mystische Atmosphäre, die jede Sekunde die Hexen aus »Macbeth« erwarten ließ.

Es gibt zwei Schulen des Gleisbaus: die amerikanische und die britische. In den USA sind die Gleisnähte beider Stränge versetzt angeordnet und erzeugen daher das wunderbar rhythmische und durch George Gershwins *»Rhapsody in Blue«* unsterblich gewordene »Klick-Klack«. In Großbritannien hingegen liegen die Schweißnähte einander gegenüber und schießen ein misstönendes »Katschunk« durch die Wagen, das mich bei der Weiterreise des *Royal Scotsman* um 5.45 Uhr aus einem tiefen Schlummer wachrüttelte.

Zurück auf den fließend verschweißten Gleisen nach Inverness sahen wir für einige Augenblicke eine Dampflok, die in einem Lokschuppen in Perth munter vor sich hin qualmte. Eine Lok im Ferienbetrieb, die mit ihren Verehrern über Schottlands malerische Nebenstrecken schnaubt, die dem Fallbeil des barbarischen Dr. Beeching entgangen sind. Er hatte in den Sechzigerjahren versucht, *British Rail* zu einem solventen Unternehmen zurechtzustutzen, indem er viele Nebenstrecken kalt lächelnd amputierte. Trotz der radikalen Chirurgie ist *British Rail* inzwischen untergegangen.

Als wir in die Highlands hineinrollten, erinnerte mich die weite, seit Urzeiten baumlose Landschaft an eine mit Heide bedeckte Wüste. Aus den sanft geformten Hochflächen erhoben sich wie Geisterschiffe schroff und drohend mächtige Burgen. Unsere nächste Station war Ballindalloch, der uralte Familienbesitz der Macpherson-Grants. Ihr Empfang war von liebenswürdiger

LINKS: *Jedes Jahr von April bis Oktober verwöhnt »The Royal Scotsman« seine Gäste nach den Ereignissen des Tages mit einem luxuriösen Nachtquartier.*

Zwanglosigkeit. Ballindalloch wurde früher von der Bahn direkt angefahren und besaß eine gleichnamige Dampflok aus der Zeit von King Edward VII. Unter den Familienfotos hing auch ein von einem Fahnentuch umrahmtes Bild der Lokomotive mit der stolzen Inschrift »Royal Train«. Den Abend verbrachten wir an Bord der *Strathspey Railway,* einer Museumsbahn in der Ortschaft Boat of Garten. Die fleißigen Männer aus Strathspey hatten sich das Museum als Prämie verdient, indem sie den gesamten Zug per Hand gewaschen hatten. Als ihre Arbeit beendet war, begann es zu regnen … Ich erinnerte mich an ein altes schottisches Sprichwort: »Sind die Berge zu sehen, gibt es Regen; sind sie nicht zu sehen, dann regnet es bereits.«

Fast alle Züge und Bahnhöfe, die wir unterwegs sahen, waren ausnahmslos mit der purpurnen Distel verziert. Unsere schottische Reiseleiterin Sandra Felton-Edkins erzählte uns die Legende zu Schottlands Emblem: Als die Wikinger einst unbemerkt in das Land eindrangen, mussten sie über stachelige Disteln marschieren. Ihre Schmerzensschreie jedoch alarmierten die Schotten und der Angriff wurde niedergeschlagen. So machte das Unkraut Karriere.

Schottland ist ein Land mit einer wechselvollen Geschichte und einer einzigartigen Tierwelt. Diese wird im *Highland Wildlife Park* geschützt, darunter das lustige struppige Hochlandrind mit den langen Hörnern und einem feuerroten Fell. Mit den vielen Schafherden verbindet sich eine traurige Episode der Geschichte. Einst haben die Stammesführer der Clans die Kleinbauern von ihrem Land vertrieben. Von »The Clearances«, die Platz für die Schafzucht schaffen sollten, erzählt auch die unvergessliche Musik Mary Strachans, die auf ihrer *clarsach,* der irischen Harfe, spielte, als der Zug für die Nacht in Kyle of Lochalsh parkte. Durch die Saiten ihrer Harfe blickte ich auf die nebelverhangene Isle of Skye im Loch Alsh – ein Bild von erhabener Schönheit.

Den letzten Reisetag verbrachten wir mit der Besichtigung des romantischen *Eilean Donan Castle,* das sich auf einer kleinen Insel im Loch Duich vor der Kulisse mächtiger Höhenzüge erhebt. Die Rückreise nach Edinburgh führte uns über einen spektakulären Anstieg nach Loch Carron entlang der Kyle-Linie, einer der eindrucksvollsten Eisenbahnstrecken Großbritanniens. Die im Jahre 1897 als *Dingwall & Skye Railway* eröffnete Linie war das erste bedeutende Unternehmen des Industriezeitalters in Schottland und die teuerste Trasse der gesamten Britischen Inseln.

Als wir am letzten Abend die Chivas-Destillerie besichtigten, entdeckte ich auch ein Porträt von Schottlands erstem König Kenneth MacAlpine. Ich zeigte es dem vornehmen englischen Ehepaar, das den gleichen Nachnamen trug. »Ja natürlich. Das ist unsere Familie«, rief erfreut die Lady. Zu guter Letzt hatte der *Scotsman* also doch noch seine Royals.

Auf der Heimreise am nächsten Morgen überquerten wir die Tay Bridge und die Forth Bridge, zwei große Legenden des Eisenbahnbaus. Von der Brücke über den Firth of Tay erblickte ich die Pfeilerreste ihrer Vorgängerin, die während eines Sturms einstürzte und einen Zug mit 175 Insassen mit sich in die eisige Tiefe riss. Unter dem Eindruck dieser Katastrophe entstand 1890 die imposante Eisenbahnbrücke über den Firth of Forth. Diese mächtige Stahlkonstruktion ist das Kronjuwel der Ingenieursleistung des 19. Jahrhunderts und ein Triumphbogen, durch den wir nach Edinburgh einfuhren.

OBEN: *Strahlende Erscheinung in Dundee Station: der »Royal Scotsman«, eine nostalgische Reminiszenz an die Ära der großen Nachtexpresszüge – des »Lark«, »Night Ferry« und des »20th Century Limited«.*

Settle-Carlisle Railway

VON LEEDS NACH CARLISLE

Anthony Lambert

Hätte man im Viktorianischen Zeitalter einen Hoch- und Tiefbauingenieur beauftragt, eine Eisenbahn durch Englands schönste Landschaft zu ziehen, so hätte er wahrscheinlich die Strecke *Settle – Carlisle* konstruiert. Die Viktorianer hegten eine Vorliebe für wilde, einsame Landschaften, die schon Dichter und Maler wie Landseer oder Caspar David Friedrich faszinierten. Trotz aller Bewunderung für schroffe Naturschönheiten bevorzugten die meisten Viktorianer allerdings das Panorama auf der Leinwand oder durch das Fenster eines First-Class-Restaurants.

Die Zeiten haben sich geändert. Heute reisen die meisten Passagiere die gesamte Strecke von Leeds nach Carlisle wegen der herrlichen Ausblicke. Auch Wanderer nutzen den Zug, um in eines der schönsten Gebiete Englands vorzustoßen. Mittlerweile gehört die Bahnlinie zu den bekanntesten in Großbritannien. In den Achtzigerjahren wollte *British Rail* den Betrieb einstellen, was einen Sturm der Entrüstung auslöste und die *Settle-Carlisle Railway* in die Schlagzeilen brachte. Unzählige Menschen strömten herbei, um die einzigartige Bahnreise durch die Pennines zu erleben. Glücklicherweise wurde die Linie begnadigt. Heute ist ihre Zukunft durch die verstärkte Nutzung im Gütertransport langfristig gesichert.

Ihre Anfänge waren jedoch alles andere als sicher. Konstruiert wurde sie von der *Midland Railway,* deren Existenz wegen ständiger Verspätungen auf der Hauptroute der *London & North Western Railway (LNWR)* entlang der Westküste Schottlands gefährdet war. Nachdem *Midland* die staatliche Genehmigung für den Bau der Linie eingeholt hatte, machte die *London & North Western Railway* eine Reihe von Zugeständnissen, die das überaus kostspielige Unternehmen der *Settle-Carlisle Railway* erübrigt hätten. Das Parlament, zuverlässiger Anwalt des Wettbewerbs, sowie benachbarte Eisenbahngesellschaften, die sich von einer dritten angloschottischen Linie Profit erhofften, hatten jedoch andere Pläne. So wurde die Einstellung des Projektes letztlich durch Parlamentsbeschluss verworfen.

Der Bau der Strecke, deren hoch aufragende Viadukte und endlosen Tunnel bis heute zu den faszinierendsten Attraktionen gehören, erfolgte unter härtesten Bedingungen. Sieben Jahre dauerte es bis zu ihrer Fertigstellung – drei Jahre länger als geplant. Der erste Personenzug rollte am 1. Mai 1876 über die Schienen.

OBEN: *Ein Zug der »Settle-Carlisle Railway« rollt durch die Landschaft nahe Keighley in Richtung Leeds.*
RECHTS: *Der heute geschlossene Bahnhof von Crosby Garrett war eine der wenigen Stationen in unmittelbarer Nähe des Ortes. Mitten durch das Dorf führt ein sechsbogiger Viadukt.*

Eine Fahrt mit der *Settle-Carlisle Railway* bei heulendem Sturm und Schneetreiben lässt die unmenschlichen Strapazen für die Arbeiter in diesem unwirtlichen Land erahnen. Obwohl die eigentliche Strecke am ferngesteuerten Stellwerk von Settle Junction zwischen Skipton und Lancaster beginnt, reicht der Zuglauf in Richtung Süden bis nach Leeds. Zumeist werden Dieseltriebwagen eingesetzt, die sich die Strecke durch das Aire Valley mit den elektrisch betriebenen Zügen nach Skipton mit Halt in Keighley teilen. Hier kreuzt die von einer Dampflok gezogene Museumsbahn ins Land der Brontës nach Haworth und Oxenhope.

Einen Vorgeschmack auf die architektonischen Meisterwerke der *Settle-Carlisle Railway* liefern die schönen Bahnhofsgebäude in Hellifield. In dem Ort waren einst schwere Pflüge für den Kampf gegen die Schneemassen deponiert, die in den harten Wintermonaten die Bahn lahm zu legen drohten.

OBEN: *In den Hügeln des Upper Dentdale – der Frühzug nach Carlisle überquert den Arten Gill Viaduct – einen der grandiosen Viadukte dieser Strecke.*

An der Settle Junction beginnt der 24 Kilometer lange Anstieg zum Blea Moor Tunnel mit einer Steigung von 1:100, bekannt bei Lokführern als »The Long Drag«, »der mühsame Anstieg«. Wenig später erreicht der Zug den hübschen Marktort Settle, eine der wenigen Gemeinden, die den Personenverkehr der *Settle-Carlisle Railway* bezuschusst. Auf dem Weg in den *Yorkshire Dales National Park* überquert der Zug eine Schleife des Ribble, der sich in Mäandern seinen Weg bis zur Mündung ins Meer bei Preston sucht.

Dann weitet sich die wilde Landschaft zu ausgedehnten, baumlosen Mooren und Grasheiden, über die sich ein weitmaschiges Netz von Steinmauern breitet. Im Nordosten kommen die weichen Umrisse des 694 Meter hohen Penyghent in Sicht. Nicht weit entfernt ragen die Gipfel von Whernside und Ingleborough empor, auf denen die Grundmauern einer Hüttensiedlung aus dem 1. Jahrhundert erhalten sind.

Kennen die Leute auch nur einen Ort zwischen Leeds und Carlisle, so ist dies Ribblehead. Der Viadukt im Norden des Bahnhofs war nämlich im Kampf um den Erhalt der Strecke von entscheidender Bedeutung, da die Kosten für seine Reparatur das Hauptargument zur Schließung der Linie

waren. Von *British Rail* zunächst mit 4,25 bis 6 Millionen Pfund (ca. 6,5 bis 9 Millionen Euro) beziffert, kostete die Instandsetzung des 24-bogigen Viaduktes letztlich 3 Millionen Pfund (ca. 4,5 Millionen Euro). Im nahen Hüttendorf wohnten etwa 2000 Arbeiter, die sich auf dem Ribblehead Viaduct und im Blea Moor Tunnel abrackerten. Da der Wind hier mit bis zu 145 km/h bläst, waren sie gezwungen, auf Händen und Knien über die Brücke zu kriechen.

Kurz hinter dem Viadukt führt die Linie an dem Stellwerk und den Rangiergleisen von Blea Moor vorbei. In den nunmehr verfallenden Häusern am Bahndamm lebten vor dem Siegeszug des Automobils die Stellwerkswärter. Schließlich passiert der Zug einen Durchstich am Eingang zum Blea Moor Tunnel. Damit endet der lange Anstieg von Settle und die Strecke verläuft ein kurzes Stück abwärts über Dentdale in das Eden Valley. Der rund 2,4 Kilometer lange Tunnel verschlang mehr als ein Drittel der gesamten Baukosten der *Settle-Carlisle Railway.* Der Fels war so hart, dass sich der Trupp Zentimeter um Zentimeter durch den Berg sprengen musste. Zu Zeiten der Dampfloks war der Tunnel berüchtigt, da der Dampf trotz der drei Abluftschächte nur sehr langsam abzog. Hinter dem Tunnelende umfährt der Zug den Great Knoutberry Hill und bietet einen bezaubernden Ausblick nach Westen über Whernside und auf das winzige Dorf Dent mit dem höchstgelegenen Bahnhof Großbritanniens. Das Haus des Bahnhofsvorstehers gehörte zu den ersten Gebäuden, die mit den hier unverzichtbaren Doppelglasfenstern ausgerüstet waren. In Steinhütten wohnten die Männer, die im Winter Signale und Weichen funktionsfähig hielten, denn Schneeverwehungen waren an der Tagesordnung. Hinter Dent verschwindet der Zug im Rise Hill Tunnel. Die Strecke ist nun bis Garsdale überraschend eben, sodass die Lokomotiven an den Wassertanks ihre Vorräte auffüllen können. Anschließend erklimmt der Zug bei Ais Gill den höchsten Punkt der Reise. Hier stand ursprünglich ein einsames Stellwerk, überragt vom Massiv des Wild Boar Fell (708 Meter). Im Jahr 1464 wurde dort angeblich der letzte Bär erlegt.

Während des langen Abstiegs zur schottischen Grenze verändert sich die Landschaft. Weites Grasland, auf dem Herdwick-Schafe weiden, wird immer wieder von Bauernhöfen und Scheunen inmitten eines wirren Geflechts von Bruchsteinmauern unterbrochen. Am Westufer des River Eden erheben sich die Ruinen von Pendragon Castle, wo der Legende nach König Arthurs Vater, Uther Pendragon, vergiftet wurde. Das historische Marktstädtchen Kirby Stephen erfreut sich eines regen Besucherstrom. Seine Pfarrkirche beherbergt eine ungewöhnliche Darstellung der altnordischen Gottheit Loki, einzigartiges Beispiel für die Verschmelzung verschiedener Glaubenswelten.

Zwischen Appleby und Carlisle war der Milchtransport eine wichtige Einnahmequelle der *Midland Railway.* Täglich wurde ein kompletter Milchzug auf die Reise geschickt, bis die Molkerei in den Fünfzigerjahren auf Käseproduktion umstellte. In Appleby sind die Überreste eines Schlosses aus dem 12. Jahrhundert interessant, da es dort römische Rüstungen, altertümliche Fahrräder, einen großen Saal mit Porträts historischer Persönlichkeiten und eine Farm zur Zucht seltener Haustiere zu sehen gibt. Weiter im Westen recken sich die Gipfel der Lakelands markant in den Himmel.

Die Gegend hinter Lazonby ist besonders reizvoll. Um die bewaldete Schlucht östlich der Strecke genießen zu können, folgt man zu Fuß den Gleisen bis zur nächsten Station in Armathwaite und macht einen Abstecher über die Nunnery Walks (»Nonnenpfade«) zu den nahen Wasserfällen. Nach so grandiosen Landschaften ist auch die Endstation Carlisle mit ihrem bedeutenden Schloss, den Museen und einer Kunstgalerie einen Besuch wert.

SKAGASTØL
Flåmekspressen
Bank

Die Flåmsbana

VON MYRDAL NACH FLÅM

Colin Boocock

Von der Hauptlinie Oslo–Bergen aus ist Norwegens steilste und spektakulärste Eisenbahnstrecke kaum zu sehen. Passagiere an Bord des stattlichen roten *Bergen Express* werfen in Myrdal höchstens einen flüchtigen Blick auf den kurzen, dunkelgrünen Zug, der auf dem geschwungenen Nebengleis am Bahnsteig gegenüber wartet. Nur die Abenteuerlustigen und Eingeweihten steigen hier ein, um eine Reise durch die atemberaubende Landschaft Norwegens zu beginnen.

Die Fahrt mit der *Flåmsbana* von Myrdal nach Flåm verläuft über eine 20 Kilometer lange, eingleisige Strecke, die aus 866 Metern Höhe in eine tiefe Schlucht hinunterführt und am Ufer des Aurlandsfjord nur zwei Meter über dem Meeresspiegel endet. Der kurze, aus Drehgestellwaggons bestehende Zug ist an Kopf und Ende mit je einer E-Lok bespannt, die die nötige Energie für den steilen Anstieg mitbringen. Die Strecke hält ein Gefälle von 5,5 Prozent und liegt damit an der Grenze der Adhäsionskraft von Stahlrädern auf Stahlgleisen – besonders bei der meist feuchten Witterung in dieser Gegend. Die Linie verläuft durch mehrere Tunnel mit einer Gesamtlänge von fast sechs Kilometern, im oberen Teil windet sich der Zug durch nicht weniger als 21 Haarnadelkurven, um auf kürzester Distanz Höhe zu gewinnen.

Reisende, die in Myrdal auf die *Flåmsbana* umsteigen, kommen mit dem Express von Oslo oder Bergen und sind daher bereits auf das kommende Schauspiel eingestimmt. Die *Bergensbana* führt mit 1000 Metern über dem Meeresspiegel über Norwegens höchsten Eisenbahnpass, wo auch im Sommer häufig Schnee liegt. Die Hauptlinie wurde 1909 eröffnet und zunächst mit Dampfloks und anschließend – bis zur Elektrifizierung der Strecke im Jahr 1964 – mit Diesellokomotiven betrieben. In den vergangenen Jahren wurde die Streckenführung wesentlich verbessert, extrem enge Kurven hat man entschärft, Umwege abgekürzt. Dabei entstand der Finse-Tunnel, mit 10 Kilometern Norwegens längster Eisenbahntunnel, der die Reisezeit nicht unwesentlich verkürzt und die Züge vor den schlimmsten Angriffen des ungestümen norwegischen Wetters schützt.

Nach der Abfahrt in Myrdal erreicht der Zug schon bald Nåli, wo die Passagiere für einen Abstecher zu den reißenden Wasserfällen des Flåm aussteigen können. Der vom Reinunga-See gespeiste Fluss

---

OBEN: *Die »Flåmsbana« wird von zwei Bo-Bo-Elektroloks der Klasse 17 in Bewegung gesetzt.*

LINKS: *Lok Nr. 17.2227 hat die Endstation am Hafen von Flåm erreicht. Die »Flåmsbana« benötigt für die 20 Kilometer lange Strecke rund eine Stunde.*

stürzt an dieser Stelle über die Felsen tief hinunter in die Schlucht. Ganz in der Nähe genießt man einen grandiosen Blick über das gesamte Tal. Etwas unterhalb kann man den Verlauf der Gleise verfolgen, die sich, eng an die steil abfallende Felswand geschmiegt, durch zahllose Tunnel in die Schlucht hinabschlängeln. Die vielen Haarnadelkurven und Richtungswechsel sind nötig, um möglichst schnell möglichst viele Höhenmeter zu überwinden. An zwei Stellen verschwindet der Flåm im Berg, unterläuft durch natürliche Tunnel die Gleistrasse und sprudelt ein Stückchen weiter wieder hervor.

In Kjosfossen treibt der Fluss die Turbinen eines Wasserkraftwerks, das die *Flåmsbana* mit Energie versorgt. Wie andere norwegische Bahnlinien fährt die *Flåmsbana* mit Wechselstrom, der über eine Oberleitung zugeführt wird. Durch den Einsatz gängiger Eisenbahntechnik ist *Norges Statsbaner (NSB)* in der Lage, die Strecke mit herkömmlichen Lokomotiven und Personenwagen zu betreiben, die trotz der Besonderheiten der *Flåmsbana*-Trasse nur geringfügige Modifizierungen erfordern.

Die Waggons sind geräumig und mit Panoramafenstern ausgestattet, die eine gute Aussicht garantieren. Den besten Blick genießt man über einen Großteil der Strecke in Richtung Westen (bergab auf der linken Zugseite, bergan auf der rechten Seite). Allgegenwärtig ist der Fluss, der sich über Jahrtausende in den Fels hineingeschliffen und diese fantastische Schlucht geformt hat. Zu beiden Seiten der Strecke erheben sich die Berge bis in 1000 Meter Höhe. Bei einem bestimmten Einfallswinkel tauchen die Sonnenstrahlen das Tal in ein gespenstisches Licht. Während sich der Zug immer tiefer in die Schlucht hinunterschraubt, kommt in der Ferne der Aurlandsfjord in Sicht.

OBEN: *Reisende überqueren den Bahnsteig zur »Flåmsbana«. Die blauen Personenwagen wurden Mitte der Neunzigerjahre für einige Zeit von der schwedischen Eisenbahn ausgeliehen.*

GEGENÜBERLIEGENDE SEITE: *Die Großraumwagen der »Flåmsbana« sind an den Seiten mit Slogans beschriftet, die für die außergewöhnlichen Attraktionen der Bahnlinie werben.*

Auf dem letzten Stück nach Flåm durchquert der Zug die flache, grasbewachsene und von Steilwänden umrahmte Talmündung. Endstation ist der kleine Bahnhof direkt neben dem Fährterminal am Aurlandsfjord. Dieser ist ein Seitenarm des Sognefjords, des mit 180 Kilometern längsten norwegischen Fjords. Einige Fähren bieten direkten Anschluss und verbinden Flåm mit den ansonsten isolierten Dörfern und Ortschaften am Fjordufer. Flåm selbst liegt an einer Fernverkehrsstraße nach Bergen und ist durch den 1991 eröffneten, elf Kilometer langen *Gudvangstunnelen* zu erreichen. Der Bahnhof bietet viele moderne touristische Einrichtungen, darunter einige Restaurants. Nur ein Paar Schritte entfernt steht eine ausgediente E-Lok und Eisenbahnfans sowie Liebhaber alter Fahrzeuge kommen in einem kleinen Museum auf ihre Kosten. Neben dem Bahnhof wird im Eisenbahndepot die Reservelokomotive gewartet, während die anderen vier für den täglichen Personenverkehr bereitstehen.

Außer Fähren, Kreuzfahrtschiffen, guten Speiselokalen und interessanten Bahnhofsanlagen hat Flåm auch eine grandiose Kulisse beeindruckender Fjorde und Berge. Jeder Besucher der Stadt sollte allerdings auf nasskaltes Wetter vorbereitet sein – und eine Fahrt mit der *Flåmsbana* einplanen.

DER FAHRPLAN

Mitte Juni bis Mitte September verkehrt die »Flåmsbana« mit täglich zehn Zügen in beide Richtungen, die meisten mit direktem Anschluss an die Hauptlinie Oslo–Bergen. Dazu werden zwei Zugpaare eingesetzt, die die Strecke gleichzeitig bedienen. Im Winter wird das Angebot mit täglich vier Zügen je Richtung, an Wochenenden sogar nur drei, etwas dünner. Den Winterservice erledigt ein einziger Zug, der zwischen Flåm und Myrdal pendelt.

Vor einigen Jahren gab es einen Schlafwagen, der aus Flåm kommend in Myrdal an den Nachtzug Bergen–Oslo angekoppelt wurde, doch der Service wurde mangels Nachfrage eingestellt. Tagsüber ist der Andrang sehr groß, besonders im Sommer, sodass man die Zahl der Waggons von vier auf sechs aufgestockt hat.

Von Bergen aus ist eine Reise mit der »Flåmsbana« ein lohnender Tagesausflug. Doch auch Passagiere, die mit dem Morgenzug von Oslo nach Bergen reisen, schaffen bequem die Hin- und Rückfahrt von Myrdal nach Flåm und erreichen Bergen dennoch pünktlich zum Abendessen.

Die Vivarais-Bahn

VON TOURNON NACH LAMASTRE

Peter Lemmey

Eine Gruppe von Liebhabern und Gönnern übernahm vor rund dreißig Jahren die Eisenbahnlinie von Tournon nach Lamastre durch die Hügel des Vivarais in Südfrankreich. Ihr Bestreben, die todgeweihte Meterspurbahn am Leben zu erhalten, war so erfolgreich, dass sie schon bald zu Europas beliebtesten Ausflugszügen zählte. Bis heute bietet die Vivarais-Linie ihren Besuchern eine unvergessliche Reise, die Landschaft, Geschichte und Gastronomie auf einzigartige Weise vereint.

Frankreich ist natürlich in erster Linie für seine führende, hochmoderne Eisenbahntechnologie, seine Hochgeschwindigkeitsstrecken und den TGV bekannt. Eine Reise mit dem *Chemin de Fer du Vivarais* von Tournon im Rhônetal in das Bergdorf Lamastre am Rande des Massif Central offenbart hingegen eine ganz andere, beschaulichere und volkstümlichere, doch nicht weniger interessante Tradition der französischen Eisenbahn. Fernab der großen Städte und Hauptschlagadern des Fernverkehrs lebt die französische Provinz, *la France profonde,* einen gemächlicheren Rhythmus. Dies ist das Land der verborgenen Täler, der Natursteinbauernhöfe und verschlafenen Orte, wo im Schatten von Platanen die Männer auf dem Dorfplatz Boule spielen. Kein anderer Zug könnte dieser Landschaft und dem Leben besser gerecht werden als die *Vivarais-Bahn,* die an den ländlichen Eisenbahnverkehr im Zeitalter der Dampflokomotive anknüpft.

Tournon, der östliche Endpunkt der Vivarais-Linie, liegt am rechten Ufer der Rhône 80 Kilometer südlich von Lyon. Schattige Platanenalleen sind unverkennbare Vorboten des nahen Midi. Rund um die Stadt überziehen Weinfelder die Talhänge der Rhône und in den Lagen von Crozes-Hermitage jenseits des Flusses schmücken die klangvollen Namen berühmter Weingüter in großen, weißen Lettern die Rebhänge. Den Bahnhof teilt sich die Vivarais-Bahn mit der SNCF, die über das rechte Rhôneufer ihren Güterverkehr abwickelt. TGV und der normale Personenverkehr rollen linksseits am Fluss entlang.

Der Morgenzug nach Lamastre verlässt um 10 Uhr den Bahnhof. Im Sommer ist die Fahrt ganz besonders beliebt und nicht selten folgen dem ersten Zug bereits zwei Entlastungszüge, ebenfalls mit Dampfantrieb. Am besten findet man sich vor dem Ansturm der Massen schon eine Stunde vor Abfahrt ein und spaziert zum Lokschuppen unter den Kiefern, wo die Lokomotiven bereits Dampf sammeln.

OBEN: *Ein Triebwagenzug auf dem Weg nach Tournon, einem Endpunkt der »Vivarais-Bahn«.*

RECHTS: *Eine 0-6-6-0T-Mallet schnauft an einem Sommermorgen von Tournon in die Berge des Vivarais. Die Passagiere erwartet eine gemächliche Fahrt vorbei an Bauernhöfen und durch Weinfelder.*

403
403

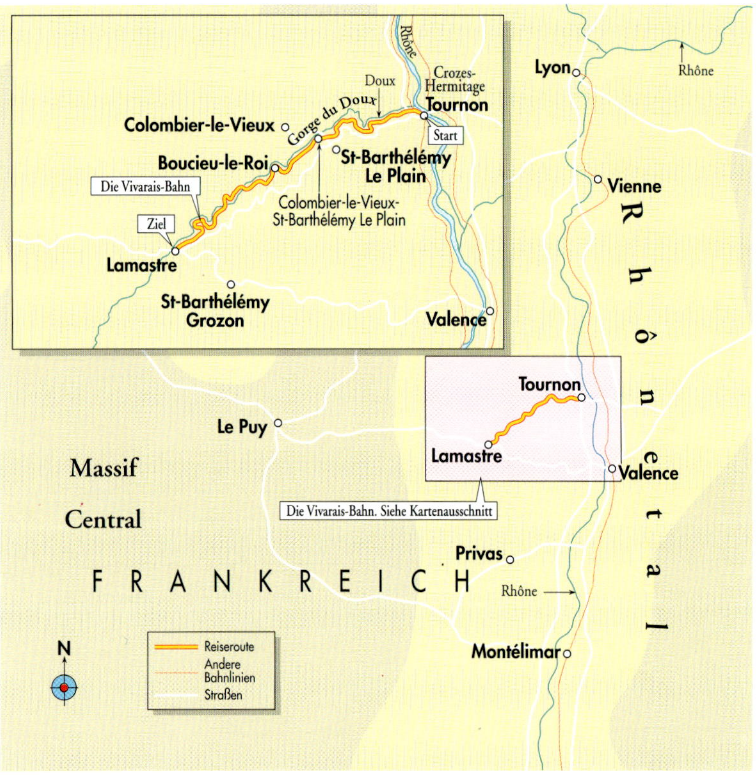

Trotz der Schmalspur war die Vivarais-Linie immer auf zugkräftige Lokomotiven angewiesen. Heute führen die Züge bis zu acht oder neun Waggons. Die derzeitige Flotte besteht ausschließlich aus Tenderlokomotiven in der raffinierten Semigelenkbauweise des Schweizer Ingenieurs Anatole Mallet. Das dienstälteste Lokpaar wurde 1903 an die *Vivarais-Bahn* ausgeliefert; zwei weitere Vivarais-Veteranen stammen aus dem Jahr 1930. Die kleinere 0-4-4-0T-Mallet Nr. 104 ist eine Pensionärin des mittlerweile aufgegebenen Corrèze-Netzes. Die hölzernen Wagen des Zuges Tournon – Lamastre haben an den Enden offene Veranden, auf denen man eine optimale Aussicht genießt. Von hier aus kann man hervorragend den mit lauter Fanfare in Tournon einlaufenden Triebwagen sehen und beobachten, wie sich die Dampflok langsam und pfeifend in Bewegung setzt.

Die ersten fünfzehn Minuten verläuft die Strecke über eine Spur, die von der SNCF mitbenutzt wird und zwei kürzere Tunnel durchquert. Einige Kilometer weiter zweigt die Meterspur von der Normalspur nach links ab und beginnt ihren Anstieg in die Berge. Während der Zug zufrieden am Ufer des Doux entlangzuckelt, wehen Dampfschwaden über die Rotweinlage der Appellation St-Joseph. Bei Doux-Plage mit seiner eindrucksvollen Brücke aus dem 16. Jahrhundert rücken die Berge immer näher, wirken ihre terrassierten Flanken wie Leitern in den Himmel. Auch der Anstieg wird steiler, das Stampfen der Lokomotive hallt von den Hängen zurück, während der rußige Rauch die Veranden umspielt und durch die Fenster schwebt.

Die Vivarais-Linie war ursprünglich Teil des *Réseau du Vivarais,* eines weitaus größeren Streckennetzes, das mit einer insgesamt 160 Kilometer langen Schmalspurtrasse zahlreiche Bergdörfer mit der Außenwelt verband. Doch dieses *Réseau* war bei weitem nicht das größte seiner Art. Frankreich war das Kleinbahnland par excellence, mit einem weit verzweigten Schmalspurnetz, das die Lücken zwischen den Hauptstrecken schloss und zu malerischen Reisen abseits der bekannten Pfade bis in die entlegensten Winkel der Republik einlud. Dieser langen Tradition folgt die Vivarais-Linie. Sie wird wieder genauso stark frequentiert wie zu den Glanzzeiten des Kleinbahnverkehrs in den 1890er-Jahren. Wider Erwarten, denn 1955 mutmaßte Bryan Morgan, Eisenbahnhistoriker und Chronist der europäischen Nebenstrecken, die drohende Schließung des *Réseau.* In seinem berühmten Buch »The End of the Line« verfasste er ein vorweggenommenes Epitaph: *»... wenn der Rost auf den unbefahrenen Gleisen Jahr für Jahr roter und das Moos auf den niedrigen Wassertanks immer grüner wird; wenn der Geruch von heißem Öl nicht mehr durch die Kiefern zieht und das Echo der Dampfpfeife endgültig erstirbt wie Rolands Horn zwischen Rhône und Loire – dann ist der Tag gekommen, an dem der wunderbare Midi um ein Wunder ärmer ist.«*

Tatsächlich überlebte das Netz bis 1968. Und bereits kurz nach der Schließung wurde die Linie Tournon – Lamastre als Ausflugsbahn wieder geboren und lockt heute unzählige Besucher.

Der Abschnitt durch die Schlucht des Doux muss für die Ingenieure eine ganz besondere Herausforderung gewesen sein. Dicht an den Berg geschmiegt winden sich die Gleise auf dem Felsgesims – *en corniche.* Tief unten stürzt der reißende Fluss über Gesteinsbrocken, hoch oben kreisen Bussarde in der klaren Luft. Hin und wieder ertönt das Pfeifen der Lokomotive, das von den Felswänden widerhallt. Dann, an einer typischen Kleinbahnstation, der erste Halt. Auf dem Schild des hübschen Bahnhofsgebäudes steht »Colombier-le-Vieux – St-Barthélémy Le Plain«, obwohl die Ortschaften zu beiden Seiten des Tals ein ganzes Stück bergauf liegen. Während des Aufenthaltes kann man auf der schattigen Terrasse der »Bar de la Gare« sitzen und zusehen, wie die Männer von der Lok das Feuer rechen und frisches Wasser bunkern. Einige der Vivarais-Lokomotiven stehen bereits seit fast einhundert Jahren im Dienst – dafür eine Verbeugung vor den Schweizer Konstrukteuren.

Nach dem Wasserstopp schlängelt sich der Zug weiter in die Berge des Vivarais. Während des Zweiten Weltkriegs war diese Gegend eine sichere Zuflucht vor dem Zugriff des Vichy-Regimes und der deutschen Besatzer. Jüdische Kinder wurden über die *Vivarais-Bahn* in die Berge geschmuggelt und von Priestern versteckt. Die Widerstandsgruppe *Maquis* transportierte mit dem Zug heimlich ihre Waffen. Albert Camus, der berühmte Schriftsteller und damalige Herausgeber des Résistance-Blattes *Combat,* beschrieb später einmal, wie er diesen Zug in die Berge nahm, wenn er sich verstecken musste.

Unverändert schön zieht die Landschaft vorbei, während die Mallet und ihr Zug den Anstieg fortsetzen, vorbei an Boucieu-le-Roi und weiter ins Tal hinein. Immer wieder überquert der Zug schöne alte Steinbrücken über den Doux, Badende winken herauf. Nach einer weiteren Stunde kommt unser Ziel in Sicht. Der Zug rollt langsam in den Bahnhof von Lamastre – auf der einen Seite der Fluss, auf der anderen der Dorfplatz. Das »Hotel du Midi« und die örtliche Konkurrenz begründen seit Jahrzehnten den exzellenten gastronomischen Ruf des Ortes. Viele Besucher, die mit dem Morgenzug kommen, haben bereits im Voraus einen Tisch in einem der vielen Restaurants reserviert. Die Aussicht auf ein delikates Mittagessen leert den Zug in Windeseile. Die Reisenden strömen zielstrebig aus dem Bahnhof, kaum einer wirft einen Blick zurück. Als die Lokomotive schließlich auf der Drehscheibe steht, ruht eine friedliche Stille über der Szenerie.

UNTEN: *Fesch herausgeputzt nach einer gründlichen Inspektion dampft Mallet Nr. 414 mit dem Morgenzug nach Lamastre hinauf in das Tal des Doux.*

Am Rhein entlang

VON KÖLN NACH MAINZ

Colin Boocock

Mein Lieblingsbahnhof ist der Hauptbahnhof von Köln, direkt neben dem großartigen gotischen Dom am Rhein gelegen. Welcher Ort könnte besser geeignet sein, um zu einer Entdeckungsreise in die Rheingegend aufzubrechen? Zurückgelehnt in meinen bequemen Sitz genieße ich das sanfte Dahingleiten des klimatisierten Zuges, insbesondere nach einem köstlichen Mahl, das ein edler deutscher Riesling abrundete. Durch das große Aussichtsfenster schweift mein Blick über das Rheintal, eine der großartigsten Flusslandschaften Europas. Die Lichtreflexe der Sonne spielen auf der Wasseroberfläche, Signaltürme markieren die Gipfel oberhalb enger Flussbiegungen; Burgen und alte Villen wachen am Flussufer, auf Landspitzen und kleinen Inseln, während der Strom in weit ausholenden Bögen gravitätisch dahingleitet.

Ich habe mir eine Fahrkarte für den eleganten *InterCity Express (ICE)* von Berlin nach München gegönnt. Mit seinem strahlenden Weiß und der stromlinienförmigen Gestalt, die der schlanke rote Seitenstreifen zusätzlich betont, wirkt der Hochgeschwindigkeitszug wie ein Bote aus ferner Zukunft. Im Inneren sind die Waggons geräumig und mit komfortablen Sitzen ausgestattet, die viel Beinfreiheit bieten. Die Fahrt ist überraschend leise, ein gedämpftes Rauschen vermittelt das Gefühl sanft zu schweben. Elektronische Anzeigetafeln in den Durchgängen vermitteln Kurzinformationen zum Fahrplan des Zuges und auf einem Bildschirm kann man die aktuelle Position verfolgen. Dieser Zug im Fernverkehr hält nur in Bonn und in Koblenz.

Der Rhein ist mit 1320 Kilometern von der Quelle bis zu seiner Mündung einer der längsten Flüsse Europas. Er entsteht in der Schweiz durch den Zusammenfluss von Hinter- und Vorderrhein, zwei Gebirgsbächen, die sich im weiteren Verlauf als Alpen- und Hochrhein kaum merklich mit jedem Kilometer weiten. In Basel schippern Schweizer Ausflugsdampfer sowie französische und deutsche Frachtkähne den bereits voll schiffbaren Fluss nordwärts. Nach der großzügigen Weite der Oberrheinischen Tiefebene zwängt sich der Rhein durch die dunkle Enge des Binger Lochs und zwischen den Felsen des Rheinischen Schiefergebirges hindurch. Wo der Rhein die Wein- und Industriestadt Bingen durchfließt

---

OBEN: *Der »InterCity« von München nach Dortmund passiert den Katzenturm bei Oberwesel am linken Rheinufer. Den Reisenden bietet sich ein herrlicher Blick auf den Fluss.*

LINKS: *Vater Rhein, Fluss der tausend Reisen. Die wunderschönen Uferpanoramen mit alten Klöstern, imposanten Burgen, wie der Burg Kaub, und üppigen Weinbergen lassen sich an Bord jedes Regionalzugs genießen.*

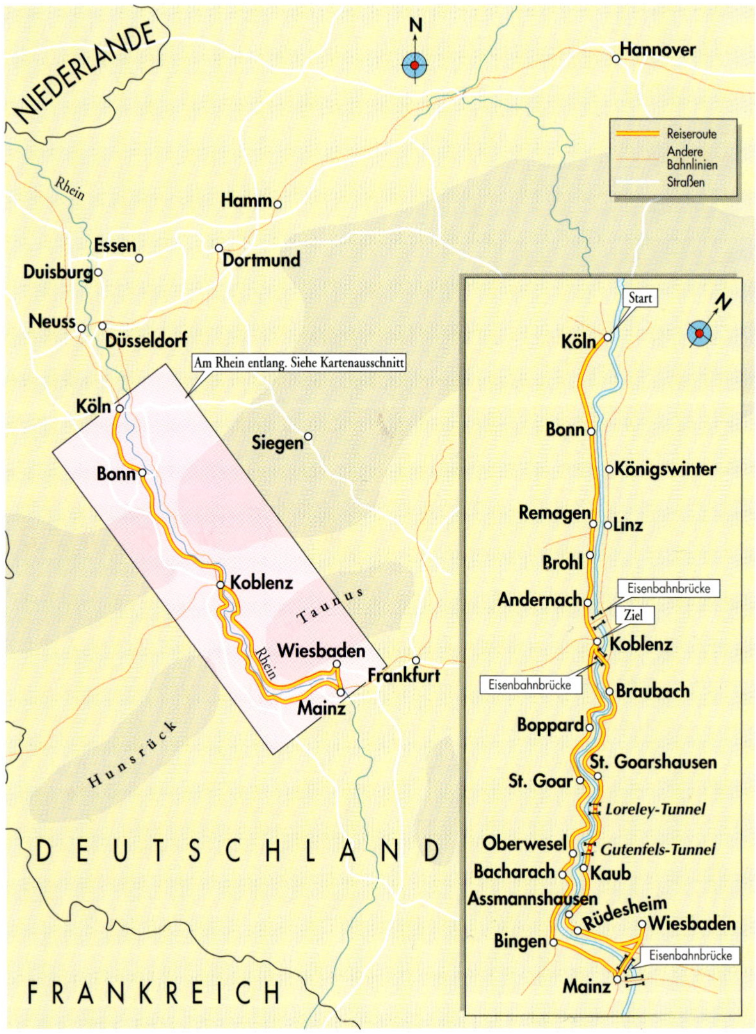

und sich von der französischen Grenze entfernt, beginnt bei Flusskilometer 530 einer der bedeutendsten Verkehrswege Europas. Auf den fünf parallel verlaufenden Hauptschlagadern – dem Fluss und den an beiden Ufern entlangführenden Straßen und doppelspurigen Bahnstrecken – passieren stündlich Tausende von Menschen das Tal.

Nur ungern verlasse ich den komfortablen *ICE* in Koblenz an der Mündung der Mosel in den Rhein. Das römische »Confluentia« mit seinem sehenswerten historischen Kern lohnt einige Stunden Aufenthalt – auch wegen seiner gotischen Kirchen. Die zivilen Hotelpreise und die rechtsrheinische Zuganbindung machen die Stadt zum idealen Ausgangspunkt für die Erkundung beider Rheinufer.

Nach einer Stadtbesichtigung am Morgen steige ich in einen der stündlich verkehrenden Regionalzüge, die auf der Strecke nach Bingen und Mainz an fast jeder Station halten. Von den hochmodernen, doppelstöckigen Waggons hat man einen fabelhaften Ausblick auf die Landschaft. Eine ehemalige ostdeutsche Bo-Bo-Elektrolok der Klasse143 zieht oder schiebt den Zug. In letzterem Fall sitzt der Zugführer in dem stromlinienförmigen Führerhauswagen an der Spitze des Zuges, von wo aus er die Fahrt kontrolliert.

Ich entschließe mich zu einer Reise am linken Rheinufer entlang. Nach wenigen Stopps läuft der Zug in Boppard ein, einen zwischen ausgedehnten

OBEN: *Ein ICE der Deutschen Bahn bei Niederrheimbach – mit Blick zum Rhein.*
GEGENÜBERLIEGENDE SEITE: *Die imposante Kathedrale des Kölner Doms vom südlichen Ende des Bahnhofs aus. Der Südturm ragt 157 Meter in die Höhe.*

Weinbergen gelegenen Ort mit einer Vielzahl touristischer Attraktionen, darunter die im 14. Jahrhundert von den Erzbischöfen von Trier erbaute Burg und das im Jahr 1125 gegründete Kloster Marienberg. Mit einer Sesselbahn – Rhein- und Hunsrückpanorama sind inklusive – erreicht man den beliebten Aussichtspunkt Gedeonseck.

Ein paar Kilometer weiter in Bad Salzig verengt sich der Rhein. Fasziniert beobachte ich, wie sich ein Konvoi von Lastkähnen auflöst, um sicher durch die Schnellen einiger enger Schleifen zu navigieren. Etwas nördlich des sagenumwobenen und viel besungenen Loreley-Felsens liegen sich in einer Rheinbiegung die Zwillingsorte St. Goar und St. Goarshausen direkt gegenüber. Die rechtsrheinische Bahntrasse untertunnelt an dieser Stelle die Loreley. Vor meinem Fenster streichen die Sonnenstrahlen über eng geschlossene Reihen sattgrüner Rebstöcke, deren Früchte nach Wärme verlangen. Auf dem Wasser herrscht reger Verkehr, arbeiten sich oft dicht gedrängt Ausflugsschiffe und schwere Lastkähne in der Fahrrinne voran.

In Oberwesel unterbreche ich die Fahrt für eine nachmittägliche Erkundung. Ich schlendere an der mittelalterlichen Stadtmauer entlang und besteige den einen und anderen Wehrturm, um einen weiteren Panoramablick auf den Rhein und die gewundenen Straßen und Schienenstränge an beiden Ufern zu genießen. Dies ist ein idealer Ort für ein bisschen »Trainspotting«. Vier bis fünf InterCity-Züge und zwei Regionalbahnen fahren hier stündlich flussauf- oder -abwärts vorbei. Am anderen Rheinufer verschwinden Güterzüge im Tunnel unter dem Gutenfels.

Später nehme ich den Nahverkehrszug nach Bacharach, wo ich ein Zimmer in einem exzellenten Hotel direkt am Rheinufer finde. Nach einem opulenten Abendessen lasse ich mich gesättigt und zufrieden vom fernen Rauschen der Züge in einen tiefen Schlaf wiegen.

Am nächsten Tag dulden die Sehenswürdigkeiten des rechten Rheinufers keinen Aufschub mehr: prächtige Denkmäler, Kirchen und Burgen. Also besteige ich den Regionalzug nach Bingen und nehme von dort die Autofähre nach Rüdesheim. Eine der Attraktionen der Stadt ist das in der Brömserburg untergebrachte Rheingauer Museum, das sich der Geschichte der Weinkultur in den umliegenden Anbaugebieten widmet. Vom Dach aus öffnet sich ein wunderbarer Blick über das Tal und die Rebberge. Ein Sessellift schaukelt die Besucher zu dem von einem riesigen Standbild der Germania gekrönten Niederwalddenkmal auf einem Hügel hoch über der Stadt.

Der nächste Zug in Richtung Norden bringt mich in das nur einige Kilometer entfernte Assmannshausen. Zahlreiche Hotels und Restaurants säumen das Ufer und die schmalen, verwinkelten Gassen. Weiter nordwärts werden die Abstände zwischen den Ortschaften größer, die Haltestellen des Regionalzugs seltener. In Braubach besuche ich die Marksburg, eine Festung aus dem 13. Jahrhundert, die als einzige der Rheinburgen nie zerstört wurde. Auch im Inneren begeistert die imposante Burg – der Rittersaal, eine Kapelle sowie eine Sammlung historischer Waffen und Keuschheitsgürtel! Zudem genießt man hier einen malerischen Rundblick über das Rheintal.

Die bei Einheimischen und Touristen gleichermaßen beliebten, relativ häufig verkehrenden Regionalzüge bieten einen guten Service, sind sauber und pünktlich. Auf dem nationalen, flächendeckenden Streckennetz der Deutschen Bahn AG verkehren die hochmodernen *ICE*-Züge ebenso wie die mehr als 40 Jahre alten Nahverkehrszüge. Eine Fahrt mit dem *ICE* vermittelt allerdings nur einen flüchtigen Eindruck von der Schönheit des Rheintals, dessen historisches Flair die Bilder der Vergangenheit wieder aufleben lässt und Realität und Träume gleichermaßen vereint.

REISEN MIT DER DEUTSCHEN BAHN

Das Rheinland-Pfalz-Ticket gilt einen Tag lang für Familien oder Gruppen mit bis zu fünf Erwachsenen auf Nahverkehrsstrecken und zahlreichen Buslinien der Region. An Wochenenden bietet die Bahn das Schönes-Wochenende-Ticket, und zwar bundesweit für sämtliche Regionalzüge. Damit lässt sich theoretisch für wenig Geld ganz Deutschland bereisen. Nur viel Zeit muss man haben.

Der Glacier Express

VON ZERMATT NACH ST. MORITZ

Anthony Lambert

Die berühmteste der Schweizer Eisenbahnen hat bereits Millionen von Besuchern angelockt, seit die Linie 1931, ein Jahr nach der Fertigstellung des letzten Meterspurabschnitts zwischen Zermatt und St. Moritz, ihren Betrieb aufnahm. Die Eisenbahn zwischen den beiden prominenten Fremdenverkehrsorten genießt den ungewöhnlichen Ruf, der vermutlich langsamste »Express« der Welt zu sein. Aber nur Banausen kämen auf die Idee, die Reise abkürzen oder beschleunigen zu wollen. Ist es nicht ein Qualitätssiegel für die Schweizer Landschaft, dass uns das Panorama jede Minute aufs Neue fesselt wie in einem gigantischer Naturfilm – nur über achteinhalb Stunden hin auf einer so überschaubaren Strecke von 298 Kilometern?

Unternehmungslustige beginnen die Reise mit einem Frühstück auf dem Gornergrat, dessen Gipfel von Zermatt bequem mit einer Zahnradbahn zu erreichen ist und einen herrlichen Blick auf das Matterhorn und das gesamte Hochgebirgspanorama bietet. Die Hotelterrasse oberhalb der mit 3029 Metern höchsten Freiluft-Bahnstation Europas ist ein idealer Ort, um den Sonnenaufgang über dem berühmten Massiv zu genießen. Zermatt, der größte Erholungsort der Schweiz, ist – sehr begrüßens- und nachahmenswert – autofreie Zone. In dem Gassengewirr der alten Stadt trifft man noch immer auf Bauernhöfe mit Viehbestand, die dem Ort seinen angenehm ländlichen Charakter erhalten haben und dem rein touristischen Image etwas entgegenwirken. Das Alpenmuseum dokumentiert die erste, tragisch endende Besteigung des Matterhorns durch Edward Whymper und seine Seilschaft im Jahr 1865, aber auch viele nachfolgende Expeditionen.

Sobald das Gepäck der Fahrgäste von den kleinen Elektromobilen, die im Ort verkehren, verladen ist, schließen sich die Türen des *Glacier Express* und der Zug gleitet aus dem Bahnhof. Bis Visp führt die Strecke über mehrere Brücken durch das schmale Tal der Matter Vispa, die nach ihrem Zusammenfluss mit der Saaser Vispa in Stalden-Saas zur Vispa wird. Flusslauf und Straßenführung haben sich aufgrund gigantischer Lawinen im Laufe der Jahre wiederholt verändert. Ihre zerstörerische Kraft ist in den weit geschwungenen Kurven entlang der Steilwände noch gut zu sehen: Wasserkaskaden stürzen über die

OBEN: *Der »Glacier Express« beim Richtungswechsel in Brig. Zweimal wöchentlich fährt der Zug die 298 Kilometer lange Strecke hin und zurück durch die Schweizer Alpen von Zermatt nach St. Moritz.*
RECHTS: *Der »Glacier Express« überquert auf seinem Weg nach St. Moritz den berühmten Landwasser-Viadukt, das Aushängeschild der Schweizer Eisenbahnreisen.*

Berghänge in die Tiefe und in den Ortschaften entdeckt man noch Scheunen, die auf pilzähnlichen Steinsäulen stehen, um Nagetiere abzuhalten.

Den steilen Abstieg des Zuges ermöglicht der zuschaltbare Zahnradbetrieb. In der Mitte der Schienen verläuft eine Sprossenzahnstange, in die die elektrisch betriebenen Zahnräder des Zuges greifen. Auf diese Weise kann der Zug am steilen Gefälle zusätzlich gebremst werden, Steilanstiege werden so überhaupt erst möglich. Dank der großen Fenster in den Panoramawagen genießt man während der Fahrt einen grandiosen Blick auf die hoch aufragenden Berge. Während sich der Zug Stalden-Saas mit seiner elegant geschwungenen Steinbogenbrücke über den Fluss nähert, werden durch die Dachfenster einige der höchstgelegenen Weinberge Europas sichtbar.

In Visp mündet die Strecke in das Rhônetal und wendet sich parallel zu den Hauptlinien von Genf und Lausanne in Richtung Nordosten nach Brig. Auf der anderen Hangseite ist hinter einem Tunnelaustritt die südliche Trasse der Lötschberg-Linie auf ihrem Abstieg nach Brig zu sehen. Dort wechselt der *Glacier Express* die Richtung. Eine Lok der *Furka-Oberalp-Bahn (FOB)* übernimmt nun den Zug. Während die Bahn in einem scharfen Bogen die Stadt umrundet und durch Naters fährt, kommt zur Rechten das nördliche Portal des Simplon-Tunnels auf der Strecke Bern–Mailand in Sicht.

RECHTS: *In Zermatt bietet der »Glacier Express« Anschluss an die Gornergratbahn, berühmt für ihren fantastischen Ausblick auf das Matterhorn.*

Wir lassen die Gewerbegebiete des westlichen Rhônetals hinter uns und beginnen den Anstieg nach Realp. Die Gleise verlaufen hier oberhalb der parallel geführten Straße und erlauben eine fantastische Aussicht auf die Rhône tief unter uns. Kurz hinter Grengiols tritt die Bahn in den ersten Spiraltunnel ein, der sich steil über die eigene Trasse schwingt, um an Höhe zu gewinnen. Die Talhänge erinnern an knittrigen, grünen Samt und nur ganz vereinzelt sieht man Bauernhäuser, während sich der Zug nach Fiesch hinaufarbeitet. Von dort führt eine Seilbahn zum Aletsch-Gletscher, der mit 24 Kilometern längsten Gletscherzunge Europas.

Dann weitet sich das Tal allmählich und mit den sich ausdehnenden Nutzflächen nimmt auch die Größe der Siedlungen zu. Der Zug hält kurz in Oberwald, ehemals Ausgangspunkt einer Zahnradbahn durch den Furka-Tunnel nach Realp. Wegen der heftigen Lawinenabgänge im Winter verlief die Strecke über eine provisorische Brücke, die im Oktober in ihre Einzelteile zerlegt und im Mai wieder aufgebaut wurde. Um den saisonalen Ausfällen ein Ende zu machen, baute man zwischen Oberwald und Realp einen neuen, 15 Kilometer langen Tunnel. Nach seiner Eröffnung im Jahr 1982 wurde die Verbindung durch den Furka-Tunnel geschlossen.

Wenig später erreicht der *Glacier Express* Andermatt, wo er auf die Strecke Zürich–Mailand durch die Schöllenen-Schlucht trifft. Der Anstieg hinter Andermatt zählt zu den eindrucksvollsten Abschnitten der ganzen Reise. Der Zug windet sich durch nicht weniger als vier Halbspiralen, um auf nur zehn Kilometern die rund 500 Höhenmeter zur Oberalp-Passhöhe (2033 Meter), dem Scheitelpunkt der Trasse, zu überwinden. Hinter Andermatt wird gewöhnlich auch das Mittagessen serviert. Der Wein kommt in den berühmten schrägstieligen Gläsern auf den Tisch, die auch am Steilanstieg Kleckern und Spritzen verhindern.

Unser nächster Halt ist bereits im Vorderrheintal Disentis, das von den weißen Mauern eines Benediktinerklosters überragt wird. Von hier aus bis nach St. Moritz übernimmt die *Rhätische Bahn* den *Glacier Express.* Wir durchfahren hügeliges Wald- und Wiesenland bis zu einem weiteren Höhepunkt unserer »Bergtour« – der Flims-Schlucht, bizarren erodierten und fast weißen Felswänden in den Schuttmassen eines prähistorischen Bergsturzes.

Obwohl die Bahnlinie nach St. Moritz in Reichenau-Tamins abzweigt, rollt der *Glacier Express* weiter geradeaus nach Chur, Hauptstadt und Drehscheibe des Kantons Graubünden und Umsteigebahnhof für die Reisezüge der *SBB*. Der Zug wechselt hier die Richtung, kehrt nach Reichenau-Tamins zurück und folgt in Richtung Süden dem Hinterrheintal. Bewaldete Berghänge und zahllose Wasserfälle ziehen vorbei, bis die Strecke bei Thusis auf den Lauf der Albula trifft. Schmale Täler, mächtige Gebirgszüge und romantisch gelegenene Burgen bestimmen das abwechslungsreiche Panorama.

Der Zug überquert nun den imposanten Landwasser-Viadukt, eine schmale 65 Meter hohe Steinbrücke, die in einem eleganten Bogen in eine massive Steilwand eintaucht. Wenn der *Glacier Express* in Filisur einläuft, beginnt der Anstieg zum Albula-Tunnel, einem der größten Eisenbahnwunder der Welt. Um mit Zahnradunterstützung den Gipfel in Preda zu erreichen, entwarfen die Ingenieure eine raffinierte Folge von Kreiskehrttunnel, die auf nur 13 Streckenkilometern 416 Höhenmeter überwinden. Selbst ein Schaubild des »Irrgartens« sorgt bei vielen Passagieren nicht für Entwirrung. Am Bahnhof in Preda kann man sich einen Schlitten ausleihen und bis spät in die Nacht im Mondschein die nahe, für den Verkehr gesperrte Straße hinabrodeln. Sonderzüge bringen die Besucher wieder auf den Berg hinauf.

Hinter dem 5,9 km langen Albula-Tunnel führt die Strecke in das Oberengadin hinab, eine der schönsten Gegenden der Schweiz. In Samedan trifft die Bahnlinie aus Chur auf die Strecke nach Scuol-Tarasp und führt vereint über die letzten Kilometer bis zur Endstation in St. Moritz. Der berühmte Wintersportort ist auch Ausgangspunkt für zwei weitere spektakuläre Bahnreisen: nach Tiranon mit dem *Bernina Express* über den höchsten Eisenbahnpass der Alpen und nach Scuol-Tarasp. Nach der achtstündigen Fahrt mit dem *Glacier Express* verspüren die meisten Passagiere Lust auf weitere Abenteuer mit den außergewöhnlichen Schweizer Eisenbahnen.

El Transcantábrico

VON SANTIAGO NACH SAN SEBASTIÁN

Eugeni Casanova

Meine Ankunft in Santiago de Compostela, dem berühmtesten spanischen Wallfahrtsort im äußersten Nordwesten des Landes, ist voller Überraschungen. Als erstes werde ich nicht etwa zum Zug, sondern zu einem Palast aus dem 15. Jahrhundert geführt. Nicht der Schaffner, sondern ein vornehm gekleideter Maître d'Hotel begrüßt mich mit einer leichten Verbeugung am Eingang. Er bringt mich zu einem Tisch an einem großen Fenster, durch das die Plaza del Obradoiro, der zentrale Platz der Stadt, zu sehen ist. Mein Blick wandert über das architektonische Meisterwerk auf der anderen Seite der Plaza: die in verschwenderischem Barockstil ausgeführte Westfassade der Kathedrale, die der Legende nach die Reliquien des Apostels Jakobus des Älteren beherbergt. Seit über tausend Jahren ist sie das Ziel unzähliger Pilger aus ganz Europa, deren Kleidung traditionell mit der *vieira*, der Jakobsmuschel, als Zeichen ihrer Verehrung geschmückt ist.

Mein eigener Standort ist kaum weniger beeindruckend: Die von Isabella und Ferdinand von Spanien im Jahr 1492 gestiftete Pilgerherberge wurde in einen *Parador Nacional* umgewandelt. Paradores sind staatliche Hotels, die meist in besonders schönen historischen Gebäuden eingerichtet sind und Geschichte mit erstklassigem Service verbinden. Während ich im *Parador Hostal de los Reyes Católicos* das prächtige Interieur des Restaurants und meine Mitreisenden betrachte, erscheint mir das Ambiente als Einstimmung auf meine Unternehmung durchaus angemessen. Die Passagiere des *Transcantábrico* sind in der Regel Individualreisende mit einem ausgeprägten Hang zu Exklusivität und Muße, für die die Zugfahrt lediglich das i-Tüpfelchen auf einer von Glanz und Luxus geprägten Reise darstellt.

Nach dem Mittagessen fahren wir mit dem Bus ans Meer nach La Coruña. Nach einer Hafenrundfahrt bringt uns ein Luxusbus zum Bahnhof nach Ferrol, wo uns *El Transcantábrico* bereits erwartet. Wir sind erneut überrascht: Der Zug ist viel kleiner als angenommen und fährt auf einer 0,914-Meter-Spur. Doch Größe hat schließlich nichts mit Format zu tun – die zierlichen Proportionen verleihen dem wie eine Spielzeugbahn wirkenden *Transcantábrico* vielmehr einen ganz besonderen Charme. Platz bietet er allerdings nur für 48 Passagiere. An Bord wird zum Empfang Champagner ausgeschenkt; anschließend beziehen wir unsere feudalen »Puppenstuben« für die kommende Woche.

OBEN: *Einheimische bestaunen in einem Bahnhof einen der charakteristischen Wagen des »El Transcantábrico«.*
RECHTS: *Ein Schild vermittelt kurz und prägnant den Geist dieser Luxusbahnreise: »El Transcantábrico – eine Kreuzfahrt mit der Eisenbahn.«*

EL TRANSCANTABRICO
UN CRUCERO EN TREN

El Transcantábrico besteht aus zehn Waggons, darunter vier Salonwagen, von denen zwei mit Bars und Tanzfläche ausgestattet sind. In den anderen beiden wird das Frühstück serviert. Die Komfort-Suiten verfügen über Doppelbett, Garderobe, Schreibtisch und Telefonanschluss sowie Badezimmer mit Sauna, Dampfbad und WC. Die Wagen der zweiten Klasse bieten zwei Duschen und zwei Toiletten für sechs Standardkabinen mit Etagenbetten für je zwei Personen.

Eine Fahrt mit dem *Transcantábrico* offenbart ein Spanien-Bild, das den Klischees vom Land der Stierkämpfe, Flamencogitarren und sonnenverbrannten Steppen so gar nicht entspricht. Über rund 1000 Kilometer erleben wir das »grüne Spanien«: die sattgrüne Hügellandschaft und die ausgedehnten Feuchtgebiete Galiciens, die wilde, zerklüftete Küste Kantabriens und kilometerlange Sandstrände bis ins Baskenland. Eine Reise durch vier Sprachräume und ebenso viele Kulturen verspricht eine unwiderstehliche Vielfalt kulinarischer Hochgenüsse und architektonischer Meisterwerke.

Unser erstes Abendessen genießen wir im *Parador* von Ferrol, dem besten Restaurant am Platz. Auf der Speisekarte stehen ausschließlich Fisch und Meeresfrüchte, wichtige Bestandteile der galicischen Küche. Auf der ganzen Tour werden, abgesehen vom Frühstück, alle Mahlzeiten in Restaurants eingenommen, damit wir die hervorragende regionale Küche wirklich kennen lernen. Nach dem opulenten Mahl und einem exzellenten Rioja kehren wir bettschwer zu unserem Zug zurück. Nachts steht *El Transcantábrico* still – das Gleisgeratter könnte den Schlaf der Passagiere stören.

Am folgenden Morgen beginnt unsere Bahnreise. Während wir frühstücken, gleitet der Zug gemächlich über stählerne Brücken und passiert scheinbar schwebend die *Rías Altas*, die für Galicien charkteristischen, tief ins Land eingeschnittenen Buchten. Wir halten in Ribadeo, einem dicht an die Berge geschmiegten Hafenstädtchen. Nach einem Bummel durch die verwinkelten Gassen setzen wir die Fahrt fort und überqueren eine Brücke über die Mündung des Eo an der Grenze zu Asturien. Das Tempo unserer Reise ist mit 50 km/h eher gemächlich. *El Transcantábrico* ist Spaniens erster reiner Touristenzug. 1982 nahm er seinen Betrieb auf und sollte seine Gäste vor allem mit den landschaftlichen Schönheiten Nordspaniens erfreuen.

Nach der Übernachtung in Luarca geht die Reise weiter zum hübschen Fischerort Cudillero, dessen Häuser sich in schwindelerregender Höhe an den Küstenhängen entlangziehen. Unser heutiges Nachtquartier ist Oviedo, die Hauptstadt der Provinz Asturien, doch abends tafeln wir, nach einer kurzen Bustour, in dem um eine alte Mühle angelegten *Parador* von Gijón.

Am Morgen des vierten Tages fährt der Zug nach Arriondas, wo uns ein Bus in die herrliche Bergwelt der Picos de Europa bringt. Dort erwartet uns der Höhepunkt des Ausflugs – der auf einem Bergsporn gelegene, viel besuchte Wallfahrtsort Covadonga. Der Legende nach begann hier vor über 1100 Jahren die Reconquista, die Rückeroberung der von den Mauren besetzten Iberischen Halbinsel durch die Christen. Am Abend in Llanes erklingt im Barwagen Musik; eine Reihe von Unterhaltungen steht auf dem Programm. Eine Fahrt mit dem *Transcantábrico* ist keine Reise für Abenteurer, sondern für Genießer, die stilvoll verwöhnt und unterhalten werden wollen. Ein mexikanischer Mitreisender, Geschäftsführer der größten Brauerei Lateinamerikas, erzählt mir, dass sein Arbeitsalltag ihm Aufregung

und Abenteuer genug biete. Auf dieser Reise wolle er gemeinsam mit seiner Frau das Land ihrer Großeltern kennen lernen.

Am nächsten Tag erreichen wir die Provinz Kantabrien und durchqueren die atemberaubende Schlucht La Hermida. Auf unserer Fahrt zwischen Bergen und Küstensaum halten wir immer wieder in malerischen Ortschaften. Wir besuchen das Kloster Santo Toribio de Liébana, in dem das angeblich größte Stück des Golgatha-Kreuzes aufbewahrt werden soll.

Unser Diner am fünften Reisetag führt uns in das malerische Städtchen Comillas und erweist sich nicht allein wegen der Gaumenfreuden als einer der absoluten Höhepunkte unserer Reise. Die in ein Restaurant umgewandelte Villa *El Capricho* wurde von dem katalanischen Stararchitekten Antoni Gaudí entworfen, der fantasievoll mit maurischen Elementen spielte.

Der nächste Tag zeigt uns Santillana del Mar, ein historisches Städtchen, das heute in seiner Gesamtheit unter Denkmalschutz steht. In den nahen Höhlen von Altamira entdeckte man die schönsten paläolithischen Malereien Südeuropas. Die rund 20 000 Jahre alten Abbildungen riesiger Wisente sind in ihrer Art der Darstellung und Farbkraft einzigartig. Nach dem Mittagessen in einem Parador geht es weiter nach Santander. Die quirlige Hafenstadt besitzt ein mondänes Kasino, in dem sich die Fahrgäste nach dem Abendessen unter die Schönen und Reichen mischen können.

Erster Halt auf der siebten Etappe ist das reizvolle Seebad Laredo. Von hier unternehmen wir eine kurze Bootstour zu dem Fischerdorf Santoña auf einer Landzunge mit ausgedehnten Feuchtgebieten und langen Stränden. Das Programm sieht die Besichtigung einer Sardellenfabrik, einer Festung und der Kirche Santa María de Puerto mit einem wundervollen flämischen Altar vor. Nachmittags erreichen wir schließlich das Baskenland. Die Sprache der Basken ist das Euskera, das keinerlei Verwandtschaft zu anderen europäischen Sprachen aufweist. Es ist das einzige westeuropäische Idiom, das nicht indogermanischer Herkunft ist. Unsere Reise findet im Baskenland, einem Feuerwerk der Farben, des Lichts und der kulinarsichen Genüsse, einen angemessenen Abschluss. Endstation ist Bilbao, eine moderne, pulsierende Metropole, der Besuch des berühmten, von Frank Gehry entworfenen Guggenheim-Museums ist ein absolutes Muss.

Am achten Tag bringt uns ein Bus in das reizvoll gelegene San Sebastián, das mit seinen stattlichen Gebäuden und großzügigen Plätzen zu den faszinierendsten Städten des Baskenlandes gehört. Ein exquisites Mittagessen im vornehmen Hotel »María Cristina« beschließt unsere Reise.

GEGENÜBER: *»El Capricho« ist eines der bekanntesten Bauwerke von Antoni Gaudí, Spaniens herausragendem Architekten des katalanischen Jugendstils.*
RECHTS: *Eine typische Uhr in einem der vielen nostalgischen Bahnhöfe entlang der »Transcantábrico«-Linie.*

RONDA
ALHAMBRA

Al Andalus

ANDALUSIEN-RUNDFAHRT AB SEVILLA

Eugeni Casanova

Als im Jahr 1492 mit der Eroberung Granadas die letzte maurische Bastion auf der Iberischen Halbinsel fiel, fand die nahezu acht Jahrhunderte andauernde moslemische Herrschaft ein Ende. An das friedliche Zusammenleben von Juden, Mauren und Christen erinnern noch heute die prächtigen Moscheen, Burgen und Kirchenpaläste im Süden Spaniens, dem die Araber den Namen »Al-Andalus« gaben. Eine Reise mit dem *Al Andalus Expreso* führt durch Sevilla, Córdoba, Granada, Ronda und Jerez, jene glanzvollen andalusischen Städte, deren architektonischer Reichtum in Europa ohne Beispiel ist.

Spaniens staatliche Eisenbahngesellschaft *RENFE* beschloss 1985 die Einführung einer Zugreise, die an die glorreichen Tage des Eisenbahnzeitalters anknüpfen sollte. Altehrwürdige Personenwagen der Luxusklasse wurden aufgemöbelt, mit erstklassigem Personal belegt und als rollendes Museum zu den beliebtesten Ausflugszielen Südspaniens geschickt. Das Konzept erwies sich als überaus erfolgreich.

In dem luxuriös ausgestatteten *Al Andalus* kommen Genießer auf ihre Kosten, die stilvoll und komfortabel Andalusien kennen lernen wollen. Der Hotelzug besteht aus zwölf Waggons – fünf Schlafwagen der Belle Époque (in einigen »residierte« bereits König Georg V. von England auf seiner Reise von Calais an die Côte d'Azur), zwei Speisewagen, ein Salonwagen, ein Barwagen, ein Personalwagen und als besonderer Höhepunkt zwei Duschwagen – eine Annehmlichkeit, die in den ruhmreichen Tagen des Eisenbahnzeitalters noch unbekannt war. Im Inneren sind die Wagen mit kunstvollen Intarsien, Belle-Époque-Dekor, Spiegeln und hölzerner Wandvertäfelung ausgestattet: Luxus auf Rädern.

Die zwischen 1920 und 1930 gebauten Waggons im Art-déco-Stil wirken am Bahnsteig von Santa Justa, einem der modernsten und nüchternsten Bahnhöfe des Landes, irgendwie deplatziert. Santa Justa entstand anlässlich der Weltausstellung EXPO '92 in Sevilla, als für den Hochgeschwindigkeitszug *AVE* die Trasse Sevilla–Madrid eröffnet wurde. Mit ihrer gotischen Kathedrale, der Giralda, den Tapas-Bars, den weiß getünchten Häusern und blumengeschmückten Patios ist die andalusische Hauptstadt idealer Ausgangspunkt unserer Reise. Obgleich Stierkampf, Flamenco und Prozessionen nicht alleine den

---

OBEN: *Die Glasreliefs der Belle Époque sind nur ein kunstvolles Detail der wunderschön restaurierten, holzvertäfelten Wagen des »Al Andalus Expreso«.*

LINKS: *Im matten Mondlicht schimmert der Luxuszug am Bahnsteig in Ronda. Dort hält der »Al Andalus« am vierten Tag seiner sechstägigen, 855 km langen Reise zu den berühmtesten Sehenswürdigkeiten Andalusiens.*

Charakter Andalusiens prägen, sind sie doch mit dem Süden Spaniens untrennbar verbunden.

Von Sevilla aus fahren wir den Guadalquivir flussaufwärts nach Córdoba. Das Mittagessen wird während der Fahrt serviert und bietet authentische spanische Küche: *paella, gazpacho* (eine kalte Gemüsesuppe), *jamón* (Schinken) und köstliche *asados* (Bratengerichte). Nach dem Essen steht eine Stadtrundfahrt auf dem Programm. Im Herzen der Altstadt, umgeben von pittoresken weißen Häusern, erhebt sich wie ein Wunderwerk der Architektur die berühmte Mezquita, jahrhundertelang eine der größten Moscheen der Erde. Ihr Gebetsraum gleicht einem endlosen Wald von Säulen, der einen überraschenden und einzigartigen Raumeindruck entstehen lässt. Nach dem Sieg über die Mauren im Jahr 1236 ließen Spaniens Katholische Könige mitten in die Omajaden-Moschee ihr eigenes Gotteshaus bauen.

Schon unter dem Kalifat war Córdoba eine ausgesprochen kultivierte Stadt, in der das Zusammenleben der drei großen Religionsgemeinschaften von Toleranz geprägt war. Aus dieser Zeit stammt das Jüdische Viertel, in dem einst der persische Philosoph und Physiker Ibn Sina (Avicenna) lebte und lehrte. In einer der engen Gassen kehren wir in ein stimmungsvolles Restaurant ein, wo wir begleitet von Gitarrenmusik und Flamencotänzen ein echt andalusisches Mahl genießen.

Andalusiens Landschaft erleben wir auf der Weiterfahrt. Olivenhaine, Weizen- und Sonnenblumenfelder reichen bis zum Horizont. Auf den Weiden grasen Schafe friedlich neben mächtigen schwarzen Stieren, die auf

LINKS: *Maurische Kunst in Perfektion: der Patio de los Arrayanes (Myrtenhof) mit seinem Wasserbecken in der Alhambra von Granada.*
GEGENÜBER: *Über die steilen Klippen der Tajo-Schlucht in Ronda führt der 1793 fertig gestellte Puente Nuevo, die »Neue Brücke«.*

ihren Kampf in der Arena warten. Am zweiten Tag besuchen wir die berühmte Alhambra Granadas, ein weiterer Höhepunkt unserer Reise. Der prächtige Königspalast ist mit seinen massiven Mauern, Marmorgängen, kunstvollen Gärten und herrlichen Wasserspielen ein Meisterwerk maurischer Baukunst. Auf die überwältigende Schönheit der Stadt verweisen die Worte auf den Festungsmauern um die Alhambra: »Gib ihm ein Almosen, denn es gibt in der Welt kein größeres Leid, als in Granada blind zu sein.«

Die auf einem Hügel vor der grandiosen Kulisse der Sierra Nevada thronende Alhambra entstand unter mehreren aufeinander folgenden Herrschern. Der Nasridenkönig Ibn La-Ahmar errichtete im 13. Jahrhundert die Alcazaba, für deren Wasserversorgung er sogar den Río Darro umleiten ließ. Die Bauarbeiten für den wundervollen Gebäudekomplex der Casa Real begannen im 14. Jahrhundert unter Jûsuf I. und wurden unter Mohammed V. größtenteils vollendet. Nach der Eroberung Granadas durch die Spanier war der Alhambrapalast Wohnsitz der Katholischen Könige Ferdinand und Isabella, deren Enkel Karl V. einen stilistisch wenig passenden Renaissance-Palast hinzufügte. Östlich der Alhambra befinden sich die einzigartigen Gärten des Generalife. Auf dem Hügel gegenüber liegt das berühmte ehemalige Armenviertel Albaicín, heute beliebter Szenetreffpunkt und lukrativer Tummelplatz der Immobilienmakler.

Der dritte Tag führt uns nach Antequera. Wir verbringen einige Stunden auf der Farm La Bobadilla, wo wir eine Mahlzeit in einem typischen Bauernhaus, einem *cortijio,* genießen. Unser Ziel am vierten Reisetag ist die kleine Stadt Ronda, die sich der zweitältesten Stierkampfarena Spaniens rühmt. Natürlich besuchen wir das Stierkampfmuseum, allerdings ist die spektakulärste Attraktion die Schlucht des Tajo, die den Felssockel der Stadt spaltet. Die steil abfallenden Kalksteinklippen überspannt der berühmte Puente Nuevo aus dem Jahr 1793. Ihr Konstrukteur Martín de Aldehuela stürzte in den Tod, als er das vollendete Bauwerk begutachten wollte. Mit dem Bus geht es weiter nach Carmona, wo wir im *Parador Nacional Alcázar Rey Don Pedro* erstklassig zu Abend essen und ein *Rociero*-Chor (benannt nach El Rocío, dem berühmtesten Marienwallfahrtsort Andalusiens) zu unserer Unterhaltung leidenschaftliche Volkslieder anstimmt.

Tag fünf führt uns nach Jerez de la Frontera, dem Geburtsort des Flamenco. Ein grandioses Erlebnis am Morgen ist die Aufführung der *Real Escuela Andaluza del Arte Ecuestre,* der »Königlich Andalusischen Schule der Reitkunst«, bei der temperamentvolle Reiter auf rassigen Vollblütern eine Kostprobe ihres eindrucksvollen Könnens präsentieren. In einem mit regionalem Kunsthandwerk und Bildern ausstaffierten Restaurant essen wir zu Mittag. Pflicht ist hier der Besuch einer Bodega verbunden mit einer Weinprobe, denn Jerez ist der Herkunftsort des berühmten Sherry und seine Umgebung eines der ertragreichsten Weinanbaugebiete Spaniens. Voller Impressionen und bestens gesättigt kehren wir zum *Al Andalus* zurück. Vor uns liegt ein opulentes Galadiner, das offizielle Abschiedsessen, eine letzte Nacht an Bord des Zuges und am folgenden Tag eine Rundfahrt durch Sevilla als Schlussakkord unsere sechstägigen Andalusien-Reise.

Der Venice Simplon Orient Express

VON VENEDIG NACH LONDON

Gary Buchanan

Ein seltsam unbeständiger Wind, den die Venezianer Schirokko nennen, ob er nun kühl und feucht oder afrikanisch heiß und trocken ist, bläst merklich frisch die Adria herauf. Der Herbst ist kurz in Venedig, nicht einmal vier Wochen bleiben ihm. Die Saison ist vorüber und die Stadt gehört wieder denen, die sie am meisten lieben – den Venezianern. Nahe der Rialto-Brücke halten riesige weiße Trüffeln den Ehrenplatz auf den Gemüsekarren; handtellergroße Austern haben Saison, ebenso winzige Venusmuscheln. Am Postamt hinter dem »Hotel Danieli« bei Santo Stefano ist die Luft erfüllt vom Duft der Maronen, die ihre Verkäufer auf kleinen Standgrills rösten. Im Herzen Venedigs liegt die Piazza San Marco, dominiert von der Basilica di San Marco, einem Meisterwerk byzantinischer Baukunst aus dem 11. Jahrhundert. Auf der anderen Seite des Platzes genießen nicht nur Musikliebhaber in den Cafés »Florian« und »Quadri« heiße Schokolade mit Sahne und Croissants. Die Vorherrschaft des Wassers in Venedig zwingt Reisende auf dem Weg zum Bahnhof, das Vaporetto oder ein Wassertaxi zu nehmen – ein einzigartiges Erlebnis. Der Blick fällt auf die wunderbare palladianische Fassade von San Giorgio Maggiore und den großartigen Dogenpalast am Beginn des Canal Grande, auf die ehemaligen Wohnhäuser von Vivaldi und Lord Byron und den unvergänglichen Palazzo Ca'Rezzonico hinter der Accademia-Brücke.

An den geschwungenen Treppen, die zum Bahnhof hinaufführen, stürzt sich eine Schar beflissener Träger auf mein Gepäck und eilt über den roten Teppich zur Rezeption. Darüber prangt die magische Formel *Venice Simplon Orient Express (VSOE)*. Der Schriftzug an der Abfahrtstafel hoch oben in der Bahnhofshalle verkennt allerdings die Grandeur meiner bevorstehenden Reise und verkündet etwas leidenschaftslos: *Venezia–Parigi–Londra/Train Riservato*. In seiner ruhmreichen Ära auch als Zug der Könige und König der Züge bekannt, beförderte diese rollende Legende mit gleicher majestätischer Noblesse Diplomaten und Despoten, Maharadschas und Mogule, Kurtisanen und Kuriere, Spitzel und Spione. Der *Orient-Express*, einer der meistgefeierten Zügen der Geschichte, durchquerte ganze

OBEN: *Die Insignien der Compagnie Internationale des Wagons-Lits et des Grands Express Européens stammen aus dem Jahr 1884. Die stattlichen Wappen zieren die Seiten eines jeden »VSOE«-Waggons.*
RECHTS: *Der »VSOE« am Arlberg-Pass auf dem Weg durch Österreich. Zwei Tage benötigt der Zug für die 1703 Kilometer lange Reise von Venedig nach Boulogne. In England übernimmt ein britischer Pullman-Zug.*

REGAT
Mara

Weltreiche bis an den Rand Asiens. Die Wirren und Wechselfälle von Krieg, Politik und Wirtschaft zwangen den Luxuszug immer wieder zu neuen Streckenverläufen. Es entstanden andere europäische Expresszüge mit dem Prädikat »Orient«, die ihrem eigenen Weg gen Osten folgten.

Der Erste Weltkrieg stoppte den *Orient-Express* mit quietschenden Bremsen; einige der prächtigen Pullman-Wagen wurden von den Deutschen beschlagnahmt und nie wieder gesehen. 1919 trat ein neuer Zug der Luxusklasse an seine Stelle: der *Simplon-Orient-Express* durch den Simplon-Tunnel, den mit 20 Kilometer damals längsten Eisenbahntunnel der Welt. Die von den Siegermächten geführte Südroute sollte Westeuropa mit den neu entstandenen Staaten im Osten des Kontinents verbinden, ohne das feindliche deutsche und österreichische Territorium zu tangieren.

LINKS: *Eine Fahrt über den Canal Grande unter der Rialto-Brücke hindurch bietet Besuchern einen einzigartigen Blick auf die vielen Paläste, die das Ufer säumen.*

Während des Zweiten Weltkriegs brachte das Deutsche Reich einen Großteil des europäischen Eisenbahnnetzes in seine Gewalt und eröffnete einen *Orient-Express* von Berlin nach Istanbul. Da nur hochrangige Braunhemden in den Genuss des Zuges kamen, war die Fahrt ein echtes Wagnis; vor allem jugoslawische Partisanen nahmen die Strecke wiederholt ins Visier. Viele Pullman-Wagen wurden von der Deutschen Wehrmacht zur Beförderung von Offizieren abgestellt, einige dienten im besetzten Frankreich als Restaurants und Hotels. Ein Waggon kam sogar als rollendes Edelbordell der Nazis zum Einsatz. Andere wurden in die französische Provinz verschoben, die Glasreliefs von René Lalique sowie die farbenprächtigen Intarsien von René Prou vorsichtig entfernt und versteckt.

Nach dem Krieg wurde der Zuglauf von Paris nach Istanbul wieder aufgenommen, allerdings verkehrte nun kein echter Luxuszug mehr – und der Eiserne Vorhang trübte den schrankenlosen Genuss zusätzlich. In den Sechzigerjahren verloren die internationalen Schlafwagenzüge durch den Siegeszug des Flugzeuges ihre Anziehungskraft. Am 22. Mai 1977 setzte sich der letzte *Direct Orient Express* zu seiner Abschiedsfahrt in Bewegung – ein entwurzelter 94-jähriger Methusalem im lärmenden Zeitalter der Pauschalreise.

Den ersten *Orient-Express* hatte 1883 der Belgier Georges Nagelmakkers auf die Schienen gebracht. Er war besessen von der Idee, die luxuriösen amerikanischen Pullman-Schlafwagen auch durch Europa rollen zu lassen. Die von Beginn an als eine Demonstration des Luxus konzipierte Reise von Paris nach Istanbul dauerte 81 Stunden und 40 Minuten. Der *Landliner,* wie der *Orient-Express* von seinen Anhängern genannt wurde, fand sogar literarisches Echo: in Maurice Dèkobras *»Madonna im Schlafcoupé«,* Agatha Christies *»Mord im Orient-Express«* und in Graham Greenes *»Orient-Express«,* um nur einige zu nennen. Und wie in der Fiktion das Gute stets die Oberhand behält, so war die Renaissance des *Orient-Express* nur eine Frage der Zeit. Sein Comeback verdankt er dem Unternehmergeist von James B. Sherwood, der den »train de luxe« in all seiner altbewährten Pracht als regulär verkehrenden Zug wieder auf das Gleis stellte. Im Mai 1982 verkündete der amerikanische Geschäftsmann anlässlich der Jungfernfahrt vor

der an Bahnsteig acht der Victoria Station in London versammelten Presse und Prominenz: »Der *Venice Simplon Orient Express* rollt wieder.« Eine Fahrt mit diesem restaurierten Urgestein der Luxusreisen gleicht einer Inszenierung, die jeden Sinn für Nostalgie vollauf belohnt.

Neben den futuristischen ETR-Zügen der Italienischen Bahn wirkt der *Venice Simplon Orient Express* an Bahnsteig zwei der lauten Stazione Ferroviaria Santa Lucia etwas deplatziert. Die auf Hochglanz polierten Luxusgefährte reihen sich zum längsten Personenzug Europas. Die 17 Waggons der einst weltberühmten *Compagnie Internationale des Wagons-Lits* erwarten ihre Gäste. Während ich die dunkelblauen und goldenen Schlafwagen abschreite, werden die Passagiere von schneidigen Stewards in strahlend hellblauen Uniformen mit Goldtressen und Messingknöpfen begrüßt. Die Speise- und Salonwagen verraten sich durch ihre dezente Livree in Elfenbein, Blau und Gold. Unterhalb der Wagendächer beeindrucken die glänzenden Messinglettern der *Compagnie Internationale des Wagons-Lits et des Grands Express Européens.*

Wie eine Grande Dame, die sich von der Tafel erhebt, gleitet der *Venice Simplon Orient Express* um 10.42 Uhr mit einem seidigen Rascheln aus dem Bahnhof. Während wir den Damm überqueren, der Venedig mit dem Festland verbindet, beziehe ich mein Abteil – ein Traum im Stil des Art déco: die Holzvertäfelung und plüschigen Polster, die edlen Materialien wie Leder und Messing sowie die Tischlampe und die Silbervase mit Orchidee. Hinter der geschwungenen Holztür in der Ecke verbirgt sich die Original-Waschkabine mit eleganten monogrammbestickten Handtüchern.

Die meisten Abteile sind Zweibettkabinen. Während das obere Bett tagsüber hochgeklappt wird, dient das untere als bequemes Kanapee. Für zwei Passagiere ist der Platz beim An- und Auskleiden nicht gerade üppig, für eine Person hingegen großzügig bemessen. Alte Hasen buchen angeblich zwei nebeneinander liegende Abteile – das Nonplusultra des Eisenbahnkomforts. Für fließend-heißes Wasser und wohlige Wärme sorgen die koksgefeuerten Boiler im hinteren Wagenabschnitt. Sie sind zwar nicht der letzte Schrei moderner Technik, machen jedoch dem Wunsch nach Originalität alle Ehre. Auch die Toiletten befinden sich an den Wagenenden. Rasch habe ich den Mechanismus des Messinghebels durchschaut, der mein Abteilfenster bewegt, und während der Zug durch die Oktobersonne des Veneto gleitet, atme ich entspannt die laue hereinströmende Luft und sehe Padua, Vicenza, die Weinfelder von Soave und Valpolicella vorüberziehen.

Ein kurzer Halt in Verona erlaubt nur einen schnellen Blick auf die alten Ziegeldächer der Stadt, bevor der Zug auf dem Weg nach Norden die Hauptstrecke nach Mailand verlässt und in Richtung Brenner-Pass fährt, vorbei an den historischen Orten Fortezza und Bozen. Rebhänge und Obstplantagen prägen das Land; romantische Dörfer mit hübschen Kirchen fliegen vorbei, Straßen winden sich in Serpentinen hoch hinauf. Burgen balancieren gefährlich über dem Abgrund wie Adler in ihrem Horst. Wir nähern uns den bizarren Felsentürmen der Dolomiten. Das Mittagessen ruft.

Im Barwagen wird mir klar, dass das Reisen in diesem Zug wie in keinem anderen zelebriert wird. Mir scheint, dass alle hier an Bord an einem bedeutsamen Punkt ihres Lebens angelangt sind: der gerade erst pensionierte Lehrer, der sich einen Lebenstraum erfüllt; das alte Ehepaar, das die Reise von großzügigen Geschwistern als Geschenk zur goldenen Hochzeit bekommen hat; das jung vermählte Paar in den Flitterwochen …

Ursprünglich diente der *Orient-Express* nur dazu, seine Passagiere in verschwenderischem Luxus über den Kontinent zu tragen. Vor allem die Staatsoberhäupter fanden Gefallen an dem »train de luxe«, der der Nachwelt legendäre Anekdoten über königliche Eskapaden hinterließ. König Boris III. von Bulgarien warf beispielsweise mit Vorliebe sein majestätisches Gewicht in den Führerstand, um selbst das Zepter zu führen und den Zug mit Vollgas durch sein Reich zu jagen. Dabei entging er einmal nur knapp dem siedend heißen Dampf, der durch ein geplatztes Rohr entwich. Ein Dauergast war auch König Carol II. von Rumänien mit seiner Begleiterin – nicht der Königin, sondern seiner langjährigen Mätresse Madame Magda Lupescu.

Der gesellschaftliche Mittelpunkt des Zuges ist der Barwagen, entstanden aus einem Erste-Klasse-Speisewagen von 1931. Mit seitlichen Sitzgruppen, kleinen Barhockern und Kaffeetischchen wirkt das Interieur nobel und einladend. Das *Pièce de Résistance*, der Stutzflügel, prangt direkt neben der Bar. Während ich in diesem piekfeinen Ambiente an meinem Campari nippe, blicke ich mich suchend nach geheimnisumwitterten Exzentrikern um. Doch die russische Prinzessin, der englische Colonel oder das Grafenpaar aus Ungarn bleiben begraben zwischen den Buchdeckeln von Agatha Christies Detektivromanen. Ich entschließe mich zu einem zweiten Mittagsimbiss. Ein nettes amerikanisches Ehepaar gesellt sich zu mir. Am Brenner-Pass genehmigen wir uns etwas verschämt eine Portion Schadenfreude: Über fünf Kilometer stauen sich die Autos vor der Zollabfertigung.

LINKS: *Die »VSOE«-Pullman-Wagen, die von Folkstone nach London verkehren, stammen aus dem Jahr 1925 und bieten bis zu 26 Passagieren Platz.*

Im Jahr 1985 entschloss man sich zu einer Änderung der Route, obwohl sie dieser berühmten Bahnlinie ihren zugkräftigen Namen gegeben hatte. Die kontinentale Strecke sollte nicht mehr via Lausanne und Domodossola nach Italien und dort weiter über Mailand nach Venedig führen, da diese kürzere Strecke den Passagieren den besten Teil der Alpen vorenthielt. Man legte die neue Route über Zürich, den Arlberg-Tunnel und Innsbruck – und sie fand so viel Anklang, dass sie noch heute Bestand hat.

»Die Reise, nicht das Ziel zählt«, schrieb Paul Theroux in seinem Eisenbahnepos *»Der alte Patagonien-Express«*. Hier, am anderen Ende der Welt, ist dieser Satz nicht weniger wahr. Ungeachtet, in welche Richtung man sieht, die herrlichen Ausblicke prägen sich unauslöschlich ins Gedächtnis. Die Gipfel des Karwendel leuchten in den letzten Strahlen der Abendsonne, die längst hinter einem fernen Tal verschwunden ist. Sie blicken herab auf vereinzelte Gehöfte mit hohen Spitzdächern, deren Silhouetten sich gegen die mit Kiefern bewachsenen Hänge abzeichnen. Während wir in Richtung Innsbruck rollen, werden die schroffen Berge zu sanften Hügeln und die grüne Landschaft nimmt lieblichere Formen an.

Nach einem kurzen Halt folgen wir dem engen Inntal, bevor es wieder bergan in Richtung Arlberg-Tunnel geht. Der mit 10,4 Kilometern drittlängste Eisenbahntunnel Europas verbindet Tirol mit Vorarlberg. In dem Skiort St. Anton ist bereits der Winter eingezogen und ich will die Gelegenheit nutzen, mir ein wenig die Beine zu vertreten, bevor ich mich zum Dinner in Schale werfe. Doch die eisige Alpenluft treibt mich schnell zurück in die behagliche Wärme meines *Wagon-Lit.*

Während am Fenster des Pullman-Salonwagens die Schweizer Bodensee-Landschaft vorbeifliegt, studiere ich die Menükarte. Christian Bodiguel, seit vierzehn Jahren Chefkoch an Bord des *VSOE*, empfiehlt: frische *foie gras*, schneeweißen Steinbutt und Filet Mignon vom Charolais-Rind – wenig Anlass, noch die reguläre Speisekarte zu konsultieren. Zu der opulenten Auswahl französischer Käse bestelle ich einen erstklassigen Bourgogne und eine himmlische Schokoladencreme beschließt dieses exquisite Mahl auf Rädern. An der Bar genieße ich zu den Klängen von Andrew Lloyd Webber und Hoagy Carmichael einen Digestif, ehe ich mich in meine Kabine zurückziehe, die der Steward inzwischen in ein Nachtlager verwandelt hat. Das großzügig behagliche Sortiment von Kissen, Decken und Bettwäsche verschlingt jedes Geräusch der Gleise. Während der Zug weiter seine berauschende Melodie singt, sinke ich in einen tiefen Schlummer.

Die ganze Nacht hatte der Himmel über Paris seine Schleusen geöffnet. Als wir im Morgengrauen durch die Randgebiete im Westen der Stadt rollen, schimmern der Asphalt und das Kopfsteinpflaster unter einem grauen, dampfenden Himmel mit nur vereinzelten Streifen in Blau und Weiß. Aber das Wetter ist schnell vergessen bei all den verführerischen Genüssen. Paris ist eine Stadt, in der man stundenlang im Café sitzt und Zeitung liest, wo

OBEN: *Schon bald werden sich die Straßencafés an der Piazza Bra in Verona mit den Besuchern der Opernfestspiele füllen.*
GEGENÜBER: *Ein Blick über die Dächer des winterlichen Paris in der Dämmerung. Der Eiffelturm ist eines seiner weltweit berühmtesten Wahrzeichen.*

das Mittagessen eine ernsthafte Angelegenheit ist, wo Intellektuelle als cool, nicht als zwielichtig gelten, wo Glanz und Glamour etwas Alltägliches sind, wo Kunst sexy und Sex Kunst ist.

Einige Passagiere, beladen mit Louis-Vuitton-Gepäck, verlassen den Zug, andere steigen zur Weiterreise nach London zu. Köche prüfen frisch gelieferte Waren, bevor sie im Zug verschwinden. Manche Reisende nutzen den 40-minütigen Aufenthalt, um eine Zeitung zu erstehen; andere verfolgen die Proviantübernahme von ihrem Abteil aus bei einem Frühstück aus frisch gepresstem Orangensaft und einer Auswahl französischen Gebäcks.

Sobald wir die Pariser Ringlinie verlassen, nimmt der Zug Fahrt auf: gen Norden in Richtung Pas de Calais. Der Brunch wird in den mit Chinoiserien und Intarsien verzierten Speisewagen und den Pullmans mit ihren kostbaren Bacchanalien-Glasreliefs von Lalique serviert. Rasch wechseln die Fensterbilder der Dörfer, Märchenwälder, Weinfelder und Seen.

Am Ärmelkanal im Hafen von Boulogne angelangt wird es Zeit, vom kontinentalen Vertreter des *VSOE* und seiner aufmerksamen Crew Abschied zu nehmen. Ein Bustransfer durch den Kanaltunnel ersetzt seit kurzem die traditionelle Überfahrt mit der Fähre nach Folkstone. Immerhin vermeidet dieser Bruch mit der Tradition so manche Verspätungen wegen einer übellaunigen See – und einen nicht besser gelaunten Magen.

Die Welt der Schwelgerei ist wieder im Lot, als ich an Bord des englischen Pullman-Zuges gehe, der in seiner ganzen Pracht im Hafenbahnhof von Folkstone steht. Zehn kakao- und cremefarbene Pullmans, blitzblank poliert wie ein neues Spielzeug, überzeugen selbst die hartnäckigsten Zweifler: Die letzten zwei Stunden bis nach London, Victoria Station, verheißen so viel Genuss wie die vorangegangen Tage.

Ihrem Mythos angemessen auf Namen wie *Phönix* und *Perseus* getauft, entstiegen diese würdevollen Pullmans der Asche ehemals berühmter Züge wie dem *Brighton Belle*, dem *Queen of Scots* und den bekannten *Cunarder*-Fährzügen. Auch diese legendären Waggons könnten viele Geschichten erzählen: von den messingbeschlagenen Überseekoffern, die sich meterhoch auf den Bahnsteigen türmten, den Bühnenstars aus dem Londoner West End, die auf ihrem Weg in ihre Küstendomizile für die Paparazzi der einschlägigen Magazine posierten, und den Industriemagnaten, die stilvoll zu den Niederlassungen ihrer Unternehmen reisten.

Während die grüne Landschaft Südenglands an den Brokatvorhängen unseres Pullman vorbeifliegt, wird der Nachmittagstee serviert. Dazu gibt es leckere Sandwiches und *scones* mit echter *Cornish clotted cream.* Ein jung vermähltes Paar auf Hochzeitsreise bietet mir ein Glas Champagner an – ein stilvoller Abschluss dieser Reise mit dem berühmtesten Zug der Welt.

ASIEN

Die Transmongolische & Transsibirische Eisenbahn

PEKING – MOSKAU
MOSKAU – WLADIWOSTOK

Jim Gill

Der internationale Fernbahnhof von Peking ist ein riesiges Gebäude aus den Fünfzigerjahren des 20. Jahrhunderts, das anscheinend darauf ausgerichtet war, den Großteil aller Reisenden Chinas gleichzeitig abzufertigen. Diese morbide Monstrosität steht heute im Schatten des neuen Hauptbahnhofs von Peking, auf den die Chinesen sehr stolz sind. In einer Hinsicht allerdings läuft der alte Bahnhof seinem jüngeren Rivalen noch immer den Rang ab: Er ist Start- und Zielort der *Transmongolischen Eisenbahn* auf ihrer Fahrt quer durch ganz Asien – eine der längsten und abenteuerlichsten Eisenbahnreisen der Welt. Hartgesottene Bahnenthusiasten lösen ein Ticket für die gesamte Strecke, besteigen den Zug am Bahnsteig 1 in Peking und finden sich sechs Tage später, nach 8000 Kilometern durch endlose Weiten und Wälder, in Moskau wieder.

Es ist ein für Peking typischer schwülwarmer Sommermorgen, als ich mir den Weg durch die Menschenmassen in der großen Bahnhofshalle bahne. An der Sicherheitskontrolle wird mein Rucksack von einem antiquierten Durchleuchtungsgerät verschluckt, das weder mit einem Stromanschluss noch einem Bildschirm verbunden zu sein scheint. Der Sicherheitsbeamte ist dennoch zufrieden und ermutigt mich, mein Gepäck an der anderen Seite des Gerätes herauszuziehen. Bahnsteig 1 ist leicht zu finden, doch weder ein Schild noch die leuchtenden Lettern »Transmongolische Eisenbahn – Peking – Moskau« würdigen das Format der bevorstehenden Reise. Da in China ebenso wie in Russland die Züge mit Ziffern gekennzeichnet werden, trägt die grüne Skoda-Lokomotive unseres Zuges durch die Mongolei schlicht die Bezeichnung »Zug Nummer 3«.

Wie jeden Mittwoch rollt der Zug um Punkt 7.40 Uhr aus dem düsteren Bahnhof und beginnt seine berühmte Reise nordwestwärts in Richtung Mongolei. Ich teile mein Vierbettabteil mit drei weiteren

---

OBEN: *Wohnblocks am Ufer des Angara in Irkutsk. Reisende der »Transmongolischen Eisenbahn« können hier auf die »Transsib« umsteigen – in Irkutsk schlicht »Zug Nummer 9« genannt.*

GEGENÜBER: *In früheren Zeiten wurden die Personenzüge der »Transsibirischen Eisenbahn« von 4-8-4-Dampfloks der Klasse P36 gezogen. Mittlerweile haben sie Lokomotiven mit Elektro- oder Dieselantrieb ersetzt. Doch die Zeitersparnis auf der ehedem siebentägigen Reise beträgt gerade mal einen Tag!*

VORHERGEHENDE SEITEN: *Ein Zug aus Peshawar passiert ein paschtunisches Dorf auf der Strecke zum Khyber-Pass.*

П36
0064

Reisenden aus dem Westen. Eine Dusche gibt es nicht. Ein Boiler oder ein Samowar am Ende des Wagens sorgen für heißes Wasser zum Waschen oder um heiße Getränke zuzubereiten.

Die Lautsprecherdurchsagen sind noch nicht ganz verhallt, als der Zug die tristen Vorstädte Pekings hinter sich lässt und durch weite Felder und Pappelhaine fährt. Plötzlich kommt die Große Mauer in Sicht, die sich eindrucksvoll über die steilen Hänge und Grate windet. Beim Anblick dieses größten je von Menschenhand geschaffenen Bauwerks der Welt ertönen begeisterte Ausrufe im Zug. Nahe der Hauptstadt ist die Chinesische Mauer hervorragend restauriert; weiter im Landesinneren erinnern nur noch flache Haufen loser Steine an den Schutzwall gegen die feindlichen Horden.

Ich gehe zum Speisewagen, der bereits jetzt zum Mittelpunkt des Zuges geworden ist, und gönne mir einen fürstlichen Schmaus mit verschiedenen Sorten Fleisch, chinesischem Gemüse und gebratenem Reis. Dazu gibt es ein respektables regionales Bier oder einen ansprechenden, alkoholreichen Rotwein. Die wunderbaren Ausblicke reißen nicht ab. Als die Sonne untergeht, nähern wir uns bereits der Grenze zur Mongolei.

In dem Grenzort Erlian erleben wir eine außergewöhnliche Prozedur: Da die chinesische und die mongolische Eisenbahn unterschiedliche Spurweiten haben, müssen die Radsätze der Lokomotive sowie der Waggons umgerüstet werden. So rangiert der Zug in einen hell erleuchteten Schuppen und Wagen für Wagen unseres Zuges wird auf einer gigantischen, hydraulischen Hebebühne einzeln hochgebockt, um die Radsätze von der chinesischen Schmalspur auf die russische Breitspur umzubauen. Erstaunlich, dass hier in der Mehrzahl Frauen diese Arbeit im Team bewältigen. Die Passa-

OBEN: *Ein wunderbar restaurierter Abschnitt der Großen Mauer, der bekanntesten Touristenattraktion Chinas. Der mehr als 2000 Jahre alte Schutzwall erstreckte sich ursprünglich über 4000 Kilometer.*

giere können währenddessen an Bord bleiben und werden mit den Wagen in die Höhe gehievt – ein unvergessliches Erlebnis, das man sich keinesfalls entgehen lassen sollte. Drei Stunden später ist der Radtausch abgeschlossen und wir können unsere Reise durch die Mongolei auf breiter Spur fortsetzen.

Als am nächsten Morgen in der Dämmerung die Rollos hochgezogen werden, überrascht uns der Blick auf eine einzigartige Landschaft. Wir durchqueren die endlosen Weiten der Wüste Gobi, der mit einer Fläche von zwei Millionen Quadratkilometern zweitgrößten Wüste der Erde. Nicht etwa Sandflächen erstrecken sich zu beiden Seiten der Bahntrasse, sondern unendliche Steppen und karges Grasland, auf dem Schafe und Kühe weiden. Im Sattel stehend treiben stolze Reiter die Tiere zusammen – und brechen gelegentlich seitlich aus, um ein Stück neben dem Zug herzujagen. Hin und wieder tauchen in der Einöde kleine Zeltsiedlungen auf, die aus den traditionellen runden *gers,* den weißen Zelten der mongolischen Nomaden, bestehen. Hoch oben am Himmel kreisen majestätisch riesige Steppenadler und halten nach Murmeltieren Ausschau. Nach dem Gedränge und der Hektik in China hat die leere Weite dieses Teils der Welt etwas angenehm Beruhigendes und Entspannendes.

Der Zug beginnt nun seinen Anstieg in das Kentei-Gebirge und nähert sich langsam Ulan-Bator, der Hauptstadt der Mongolei. Gesichtslose Wohnblocks und Industrieanlagen sowjetischen Vorbilds bestimmen das Stadtbild. Im Juli allerdings lockt das berühmte *Naadam-Fest* Hunderte Reiter, Ringkämpfer und Bogenschützen zu einem dreitägigen Turnier von unglaublicher Farbenpracht.

Der Aufenthalt in Ulan-Bator dauert nur 40 Minuten; Passagiere steigen aus, frischer Proviant wird gebunkert. Ich nutze die Gelegenheit, mich mit dem Freund eines Freundes zu treffen. Khan, ein mongolischer Geschäftsmann, hat mich zielsicher ausgespäht und führt mich unauffällig zu seinem Minivan auf dem Bahnhofsparkplatz. Blitzartig öffnet er eine Flasche Wodka und reicht mir mit einem breiten Grinsen und bestimmender Geste ein beachtliches Quantum in einer Silberschale. Ich nippe an dem Feuerwasser und will es ihm zurückgeben. Als er mich mit einem Stirnrunzeln ansieht, wird mir klar, dass ich irgendwie das Ganze hinunterkippen muss. Irgendwie gelingt es mir auch – und das Grinsen kehrt zurück, breiter als vorher. Mein neuer Freund nimmt selbst einen kräftigen Schluck aus seiner Schale und schenkt mir großzügig nach. Innerhalb von fünfzehn Minuten ist die Flasche geleert. Eine feurige Glut durchzieht meinen Körper, doch vor meinen Augen fallen die Schleier in beängstigendem Tempo. Ehe ich mich versehe, legt der überschwängliche Herr Khan meinen Arm um seine Schulter und verfrachtet mich zurück in den Zug. Dies war meine erste Begegnung mit der mongolischen Gastfreundschaft. Vielleicht kam die Konversation ein wenig zu kurz, an Warmherzigkeit mangelte es sicher nicht. Volle vier Stunden schlafe ich wie ein Stein …

Von Ulan-Bator fährt die *Transmongolische Eisenbahn* weiter in Richtung Nordosten und erreicht spät in der zweiten Nacht die russische Grenze. Bei unserem ersten Halt in Suche-Bator steigen mongolische Zollbeamte ein und verweisen uns aus unseren Abteilen. Sie stöbern unter den Sitzen und in den Gepäckablagen, offensichtlich auf der Suche nach Schmuggelware.

Die gleiche Prozedur wiederholt sich kurz danach am russischen Grenzposten in Naushki, wobei sich die russischen Kollegen als geschickter und gründlicher erweisen. Aus dem Nachbarwagen ertönt ein Höllenlärm und einige Minuten später sehen wir, wie die Zöllner nicht gerade zimperlich zwei Chinesen aus dem Zug zerren. Die Beamten hatten in einem Abteil Pelze hinter der Wandverschalung eines Abteils gefunden, die nach Russland geschmuggelt werden sollten. Als wir drei Stunden später Naushki verlassen, ist der Zug um zwei Passagiere leichter. Ihr Schicksal: unbekannt.

Am Morgen des dritten Tages fahren wir durch Ulan-Ude, die Hauptstadt der Republik Burjatien. Ein nettes Plätzchen, wenngleich kein Ort sensationeller Vorkommnisse. Als Großbritanniens Prinzessin Anne im Jahr 1990 die Stadt besuchte, sprachen Offizielle von dem aufregendsten Ereignis, seit Dschingis Khan 750 Jahre zuvor mit seiner Armee hier durchmarschierte. Ein bedeutender Moment erwartet uns allerdings etwas östlich der Stadt, wo die mongolisch-chinesische Linie auf die Hauptstrecke der *Transsibirischen Eisenbahn* trifft.

Wenig später sehen wir das erste Mal den Baikalsee, eines der großen Naturwunder der Erde. In einer tiefen tektonischen Spalte gelegen ist er mit fast 50 Millionen Jahren und einer Tiefe von 1637 Metern der älteste und tiefste See der Welt. Schätzungen zufolge enthält der Baikalsee über 20 000 Kubikkilometer Wasser – etwa ein Fünftel der weltweiten Süßwasserreserven – und hat die Größe aller fünf Großen Seen der USA zusammen. Würde man ihn entleeren, so bräuchten alle Flüsse der Welt gemeinsam mehr als ein Jahr, um ihn wieder zu füllen. Der See bietet Lebensraum für

---

LINKS OBEN: *Noch bis vor kurzem war das Essen an Bord der »Transmongolischen Eisenbahn« eher dürftig und zwang zu zusätzlicher Selbstverpflegung.*
LINKS UNTEN: *Eine Zugbegleiterin der »Transmongolischen Eisenbahn« in ihrer engen Kabine. In jedem Wagen gibt es zwei Zugbegleiter, die sich im Schichtwechsel ein Bett teilen. Manche nehmen ihre Kinder mit auf die Reise.*

2600 Tierarten, von denen zwei Drittel endemisch sind. Obwohl die Industrieanlagen der Region das natürliche Gleichgewicht des Sees gefährden, ist das Wasser dank der reinigenden Kraft der Schwämme, die in der Tiefe wachsen, erstaunlich klar und sauber. Viele Legenden ranken sich um den geheimnisvollen See: Ein Mythos erzählt, dass sich das Leben um ein Jahr verlängert, wenn man eine Hand in das eiskalte Wasser taucht. Auch das Ungeheuer am Grund des Sees fehlt nicht. Eine Stunde lang hält der Zug am Ufer und unter dem azurblauen Himmel wird klar, warum diese fantastische, endlose Wasserfläche das »blaue Auge Sibiriens« genannt wird.

Wir erreichen die Bergbaustadt Sljudjanka. Von einem der zahlreichen Händler auf dem Bahnsteig kaufe ich für ein Spottgeld einen geräucherten Fisch – einen Omul, wie sich herausstellt. Dieser äußerst schmackhafte Fisch aus der Familie der Lachse kommt nur im Baikalsee vor und ist für die Einheimischen ein Grundnahrungsmittel. Die Angara, der einzige Abfluss des Sees, kündigt unsere bevorstehende Ankunft in Irkutsk an. Bahnfreaks mit einer masochistischen Ader bleiben an Bord des Zuges und fahren sofort weiter nach Moskau. Doch von allen Orten entlang der Strecke verdient die Hauptstadt Ostsibiriens am meisten einen Zwischenaufenthalt.

Irkutsk wurde vor 350 Jahren von den Kosaken gegründet und galt einst als das »Paris Sibiriens«. Mag dies auch etwas hochtrabend erscheinen, so gibt es doch einige lohnenswerte Sehenswürdigkeiten: wunderschöne Kirchen, breite Boulevards und außerordentlich edel verzierte Blockhäuser, von denen einige noch aus der Zeit der ersten Besiedlung stammen. Da Irkutsk nur 60 Kilometer vom Baikalsee entfernt liegt, ist ein Ausflug dorthin ein Muss. Der Bus lädt mich in dem idyllischen Dorf Listwjanka ab, wo ich den Blick auf die herrlichen Weißbirkenwälder genieße, die sich die Hänge bis ans Seeufer hinabziehen. Ich besuche auch das hervorragende Museum, in dem man alles Wissenswerte über den riesigen See erfährt. In einem Nebenraum leben in einem ziemlich öden Wasserbecken zwei rundliche Baikalringelrobben, welche im Russischen »Baikalskij Tjulen« oder »Nerpa« heißen.

Nach meiner Besichtigungstour und einer Nacht im heruntergekommenen Intourist-Hotel laufe ich zum Bahnhof auf der Suche nach »Zug Nummer 9«. Ausländer nennen ihn die *Transsibirische Eisenbahn*, für Einheimische ist er schlicht der *»Baikal«*. Dieser blaue Gigant, der als der vornehmste Zug des Landes gilt, bricht von Mai bis September täglich (sonst jeden zweiten Tag) in Irkutsk zu seiner viertägigen Reise nach Moskau auf.

Ich teile die Kabine mit drei Soldaten, die sich auf dem Rückweg in ihre Kasernen in Moskau befinden. Die Kameraden schlagen jedoch ihr Lager im Speisewagen auf, wo sie tatsächlich während der ganzen Reise bleiben und ein Wodkagelage veranstalten. Eines nachmittags setze ich mich für eine Stunde zu ihnen und erfahre, dass der weltbeste Wodka aus Irkutsk stammt, »Baikalski« heißt und natürlich mit dem Wasser des Sees destilliert wird. Nun weiß ich auch, was in Russland trinkfest bedeutet …

OBEN LINKS: *Wartungsarbeiter bei einer Pause unter einem Wagen der »Transsib« in Danilow.*

OBEN RECHTS: *Bäuerinnen preisen auf einem Bahnsteig in Sibirien ihre Waren an. Ihren Lebensunterhalt bestreiten sie allein mit Kunden aus den Personenzügen. Sie verkaufen alles, von sauer eingelegtem Gemüse bis zu Kartoffelküchlein.*

Ich blicke aus dem Zugfenster und kann kaum glauben, dass Sibirien den Ruf einer trostlosen, eisigen Einöde hat. Während die nördliche Region diesem Bild entspricht, ist die Landschaft zwischen Irkutsk und Nowosibirsk fantastisch. Dichte Wälder aus Espen, Weißbirken und Kiefern überziehen die Hänge imposanter Flusstäler, die sich durch das sanft gewellte Terrain schlängeln. Das Rot und Gelb der Blätter taucht das Land in eine einzige Farbenpracht. Gelegentlich passieren wir kleine Siedlungen mit den traditionellen Holzhäusern (die meisten in der typischen Rahmenbauweise in A-Form, die in den eisig kalten und schneereichen Wintern den besten Schutz bietet).

Wir erreichen Nowosibirsk, die Hauptstadt Westsibiriens. Der riesige Bahnhof entspricht ganz den Dimensionen der Stadt selbst, die mit 1,5 Millionen Einwohnern die größte in ganz Sibirien ist. Einst mit dem Bau der Eisenbahn entstanden, entwickelte sich Nowosibirsk zum Wirtschaftszentrum der gesamten Region.

Dann braust die *Transsib* weiter auf ihrem geschichtsträchtigen Kurs vorbei an Ekaterinburg, ehemals Swerdlowsk, wo der letzte russische Zar Nikolaus II. und seine Familie im Juli 1918 durch die Bolschewiken ermordet wurden. Im Jahr 1891 hatte Zar Nikolaus – Ironie des Schicksals – feierlich den Grundstein für den Bau dieser großartigen Eisenbahn gelegt. 25 Jahre später, pünktlich zur Revolution, war die Meisterleistung der Ingenieurkunst vollbracht.

LINKS: *Die »Transsibirische Eisenbahn« fährt in den imposanten Bahnhof von Nowosibirsk ein, der Hauptstadt Westsibiriens. Der Rest dieser durch den Eisenbahnbau entstandenen Industriemetropole ist weniger beeindruckend, doch besitzt sie die größte Oper der Russischen Föderation.*

GEGENÜBER: *Das Wagenschild sagt alles: »Rossiya: Moskau – Wladiwostok«.*

DIE ECHTE »TRANSSIBIRISCHE EISENBAHN«

Puristen behaupten nicht ganz zu Unrecht, dass eine authentische Reise mit der *Transsibirischen Eisenbahn* über die gesamte Distanz von Moskau nach Wladiwostok führen muss. Die 4000 Kilometer lange Etappe von Irkutsk bis an die Ostküste Russlands ist eine dreitägige Reise durch dichte Taiga-Wälder, über weite Ebenen und an malerischen Flüssen entlang. Für meine Reise stieg ich in Moskau also in »Zug Nummer 2« ein – den *Rossiya.*

Ich teilte das Abteil mit Iain aus Glasgow, der an jeder Station in voller Schottenmontur ausstieg und die Leute mit einem Ständchen auf seinem Dudelsack unterhielt. Auf unserer Fahrt passierten wir eine Reihe interessanter Städte, darunter das im 17. Jahrhundert von den Kosaken gegründete Tschita, ein ehemals bedeutender Ort auf der Seidenstraße von China her. Wir hatten auch das zweifelhafte Vergnügen, einige Stunden in dem einstigen militärischen Vorposten Chabarowsk zu verbringen. Die Stadt gehört zu den schöneren im fernen Osten Russlands, was jedoch nicht wirklich etwas bedeutet. Hinter Chabarowsk wendete sich der Zug direkt in Richtung Süden, entlang der chinesischen Grenze zum Zielort Wladiwostok.

Noch vor zehn Jahren war Ausländern der Zugang zu dem berühmten Hafen versperrt, da dort die russische Pazifikflotte stationiert war. Der Zug endete stattdessen in Nachodka, einer tristen Hafenstadt 20 Kilometer östlich von Wladiwostok. An der Solotoj-Rog-Bucht, zu Deutsch »Goldenes Horn«, gelegen, ist Wladiwostok natürlich eine weitaus imposantere Endstation. Der Bahnhof befindet sich zudem in günstiger Lage zum Fährterminal, wo sich die Mehrzahl der ausländischen Reisenden nach Japan einschifft.

Schon kurz hinter Ekaterinburg drängeln sich die Passagiere in den Gängen, um einen Blick auf den berühmten Obelisken zu erhaschen, der die Grenze zwischen Asien und Europa markiert. Wir feiern den Übergang zum anderen Kontinent diesmal mit russischem *champagnski,* der, sagen wir, Gläschen um Gläschen besser wird. Bei jedem Halt bestürmen Bäuerinnen die Wageneingänge, die den hungrigen Fahrgästen selbst gemachte eingelegte Gemüse, Kartoffelküchlein und geräucherten Fisch anbieten. Diese leckeren Happen sind mir eine willkommene Abwechslung zu den Fleisch- und Kartoffelgerichten, die im Speisewagen serviert werden.

Während der Zug durch den Ural fährt, weichen die ärmlichen Holzhäuser Sibiriens langsam hübschen Datschen in Seelage, den Wochenend- und Ferienhäusern der Besserverdienenden. Wir überqueren die mächtige Wolga, oder »Mütterchen Wolga«, wie die Russen den längsten Fluss Europas ehrfurchtsvoll nennen. Ungefähr 70 Kilometer vor Moskau kommen die eindrucksvollen Kuppeln der Klosteranlagen von Sergijev-Posad in Sicht, Russlands geistlichem Zentrum. Als ob ein Startschuss gefallen wäre, setzt plötzlich ein allgemeines Tohuwabohu ein und alles Gepäck der weiten Reise wird hastig in Koffer, Taschen und Rucksäcke gestopft.

Während wir uns durch die Moskauer Vorstädte schlängeln, erwarten wir eigentlich an jedem Bahnhof von den adrett gekleideten Pendlern ein Zeichen gottesfürchtiger Verehrung oder zumindest der Anerkennung. Wissen sie denn nicht, dass dies die *Transsibirische Eisenbahn* ist, der bedeutendste Zug der Welt? Wir kommen schließlich den ganzen weiten Weg von Peking. Doch nicht die Spur von Aufmerksamkeit. Für die Menschen am Bahnsteig unterscheidet sich unser Zug nicht von anderen. Für mich ist er allerdings mein Zuhause der vergangenen vier Tage – der schöne, blaue Zug, der jetzt in den Moskauer Bahnhof Jaroslaw einfährt. Unglaublich, aber die Bahnhofsuhr bestätigt es: Wir sind eine Minute zu früh. 8000 Kilometer liegen hinter uns und wir sind eine Minute zu früh! Jemand sollte einmal ein ernstes Wort mit dem Lokführer reden.

Die Khyber-Bahn

VON LAHORE ZUM KHYBER-PASS

Peter Lemmey

Der Khyber-Pass hoch oben in den Bergen an Pakistans Nordwestgrenze ist der Endpunkt einer der denkwürdigsten Bahnreisen der Welt. Die 1926 eröffnete Linie auf den Pass – eine der größten Heldentaten des Eisenbahnbaus – führt durch eine unwirtliche Region, die damals wie heute von den Paschtunen, glühenden Verfechtern ihrer Eigenständigkeit, bewohnt wird. Die politischen Wirren im Nachbarstaat Afghanistan haben außerdem dazu geführt, dass die Strecke zeitweilig geschlossen ist.

Pakistan zeigt sich als Land großer landschaftlicher Kontraste, einer bewegten Geschichte und einer ausgeprägten kulturellen Identität. Die Fahrt von Lahore zum Khyber-Pass ist ein unvergessliches Erlebnis. Die Tagesetappe bis Peshawar am Fuß der Berge bewältigt eine Diesellok, die dann beim eigentlichen Anstieg zum Pass von einer Dampflok abgelöst wird. Da der Zug ab Peshawar nur ein bis zwei Mal im Monat verkehrt, sollte man die Reise lange im Voraus planen. Tickets können über *Sehrai Travel & Tours* in Peshawar gebucht werden. Die gesamte Strecke ab Lahore verläuft zumeist eingleisig über eine für die Hauptstrecken hier gängige 1,65-Meter-Breitspurtrasse.

Lahore, seit Jahrhunderten das kulturelle und wirtschaftliche Zentrum der Provinz Punjab, ist überaus reich an prächtigen historischen Gebäuden. Auch die Eisenbahn ist Teil des architektonischen Erbes: In der Empress Road liegt die Direktion der Pakistanischen Eisenbahn. Das imposante Kolonnadengebäude war ehemals Sitz der *North Western Railway.* Noch heute werden Besucher zwischen Palmengrün auf einem roten Teppich, der nun schon etwas fadenscheinig wirkt, mit ausgesuchter Höflichkeit begrüßt. Hier kann man die Besichtigung zweier faszinierender Eisenbahneinrichtungen vereinbaren: der Moghulpura-Eisenbahnwerke, die eine Reihe alter Dampflokomotiven unterhalten, und des Eisenbahn-Ausbildungszentrums in Walton. Die dortige Stellwerkschule mit ihrer Modelleisenbahn ist eine ganz besondere Attraktion. Sehr beeindruckend ist auch der Bahnhof von Lahore, der Ausgangspunkt dieser Reise. Nur wenige verwöhnte Bahnhofskenner dürften beim Anblick dieses prächtigen Gebäudes enttäuscht sein, dessen Backsteintürme am schönsten im Licht der Abenddämmerung wirken.

Der *Awam Express* (Zug 13 bergan) nach Peshawar bietet für gehobene Ansprüche klimatisierte Kabinen mit bequemen roten Sitzen, Teppich und eigenem WC. Die Economy Class hat ebenfalls ge-

OBEN: *Ticketverkäufer in Rawalpindi hüten die bewährten bürokratischen Traditionen.*

LINKS: *Dampfwolken ziehen über den Hindukusch, während zwei 2-8-0-HGS-Loks den Zug der »Khyber-Bahn« hinter Jamrud über den ersten Viadukt zur Passhöhe ziehen und schieben.*

polsterte Sitze, allerdings findet man sich mitten im Getümmel der Mitreisenden. Und so entwickelt sich schnell eine Unterhaltung mit ein paar freundlichen Einheimischen. Pakistanis sind sehr aufgeschlossen und jederzeit zu einem Schwatz mit ausländischen Reisenden bereit. Fast jeder spricht Englisch, auf Eisenbahnstrecken ist und bleibt es die Lingua franca.

Ist der aus dem Süden kommende Zug pünktlich, so verlässt der *Awam Express* den Umsteigebahnhof in Lahore fahrplanmäßig um kurz vor sechs Uhr noch vor Tagesanbruch. Die Lokomotive ist eine General Motors oder eine Hitachi-Diesel aus den Siebzigerjahren. Amerikanische Eisenbahnfans halten Ausschau nach den klassischen *Alco Cabs,* Führerständen aus der 50er-Jahre-Produktion der *American Locomotive Company,* die noch gelegentlich zu sehen sind. Mit schrillem Pfeifen rumpelt der Zug langsam durch die armen Vorstädte Lahores.

Die weite Ebene des Punjab liegt vor uns, zu beiden Seiten erstrecken sich Weizenfelder, Raps und Zuckerrohr leuchten gelb und grün in der Morgensonne. Lange Baumreihen säumen die Landstraßen und an Bahnübergängen erblickt man wartende Pferdegespanne und bombastisch geschmückte Bedford-Laster. Der *Awam Express* hält mehrmals auf der Strecke. Obwohl der Küchenwagen Mahlzeiten zubereitet, tauchen in Wazirabad, Lala Musa und Jhelum Männer mit Turbanen an den Zugfenstern auf und bieten Tee und Omelettes aus den Bahnhofsbuffets an. Sobald wir den Jhelum überquert haben, wird die Landschaft hügeliger und der Zug schlängelt sich gemächlich zwischen sandigen Hügeln aufwärts. Während eines zehnminütigen Stopps in der alten Garnisonsstadt Rawalpindi wird der Küchenwagen abgekoppelt. Einige Kilometer weiter hält der Zug in Taxila, Umsteigebahnhof nach Havelian und Knotenpunkt am Karakorum Highway. Manchmal steigen Touristen aus, um die berühmten Ruinen zu besichtigen. Wie in vielen anderen Orten entlang der Strecke scheint in Taxila die Zeit stehen geblieben zu sein. Die Möbel im Büro des Bahnhofsvorstehers stammen noch von der *Punjab Northern State Railway,* die die Linie 1880 fertig stellte. Hat sich seither tatsächlich nichts verändert?

Am späten Nachmittag tauchen die Vorboten eines der größten Wahrzeichen unserer Reise auf. Kurz hinter Attock durchtrennt die Bahnlinie einen Felsen und überquert einen langen, hohen Viadukt. Tief unten fließt der Indus auf seinem Weg vom Himalaja in die Ebene des Punjab. Sein blaugraues Wasser wirft den Schatten des Zuges zurück. Seit Generationen markiert der Indus hier eine symbolische Grenze zwischen der friedlichen Welt des Punjab und den wilden, gesetzlosen Bergen des Grenzgebietes.

Bei Anbruch der Abenddämmerung erreicht der *Awam Express* den Bahnhof von Peshawar. Die Stadt lag jahrhundertelang an der Kreuzung wichtiger asiatischer Handelsstraßen. Bis in die Gegenwart lohnen die Bazare und Märkte einen Besuch, auf denen vom Teppich bis zur Schmuggelware praktisch alles feilgeboten wird. Früh aufstehen muss man für den zweiten Teil der Reise mit dem Khyber-Zug, der gewöhnlich sonntags fährt.

Die Dämmerung kriecht über die Hügel, die Lokomotiven stoßen Dampfwolken aus, während sie den Zug zusammenschieben. Eine in Pe-

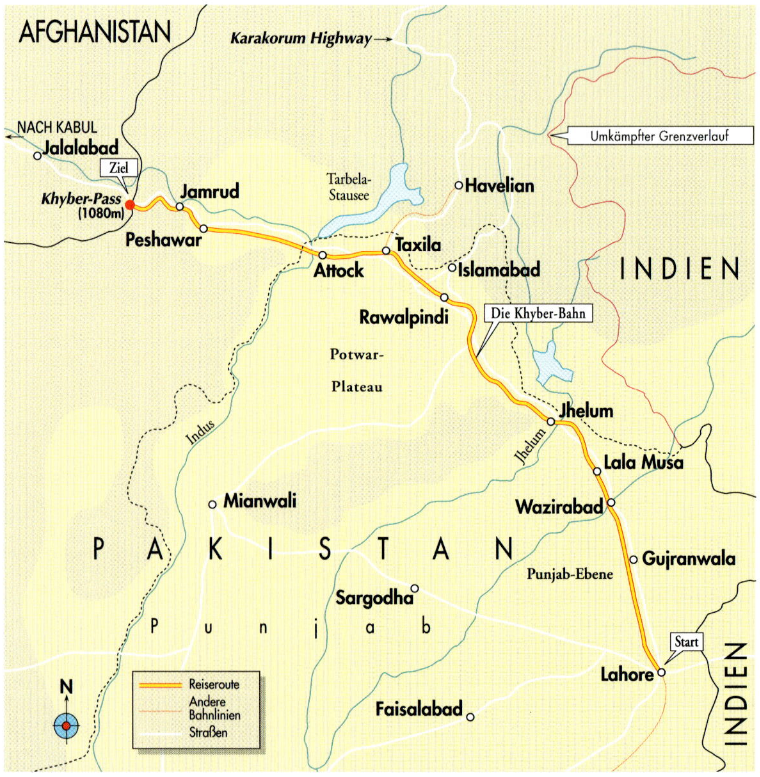

shawar stationierte Flotte von HGS 2-8-0 keucht zum Pass. Die HGS-Klasse war bereits im Indischen Empire das Arbeitspferd. Der Zug wird an jedem Ende mit einer Lok bespannt. Um sieben Uhr gehen die Frontleuchten an, der Schaffner schwenkt die grüne Flagge und der Zug stampft von Dampfwolken umhüllt mit schrillem Pfeifen aus dem Bahnhof von Peshawar. Es folgt ein kurzer Halt am Flughafen der Stadt, wo die Startbahn kreuzt, bis der Kontrollturm die »Starterlaubnis« erteilt. Ein zweiter, etwas längerer Halt folgt in Jamrud. Dahinter beginnen die autonomen Gebiete verschiedener Volksgruppen. Ab hier kann niemand mehr für die Sicherheit von Reisenden ohne Begleitung garantieren – daher die Kolonne von Schützen, die den Zug eskortiert. Zuweilen sind auch Einheimische mit im Zug, die von ihrem historischen Anspruch auf Freifahrten Gebrauch machen.

Die zwei Lokomotiven stürmen aus Jamrud heraus durch einen Bergeinschnitt. Nun wird es ernst, denn der Anstieg beginnt. Die Khyber-Pass-Route durch das Hindukusch-Gebirge hat seit Menschengedenken Militärstrategen beschäftigt und unzählige Invasoren haben sich kämpfend ihren Weg über den Pass gebahnt. Der dritte angloafghanische Krieg im Jahr 1919 gab schließlich den Impuls für Sir Gordon Hearns heldenhafte Ingenieurleistung. Er baute die Breitspurstrecke in die Berge, damit die Truppen möglichst schnell in das Grenzgebiet verlegt werden konnten. Der Zug dröhnt weiter durch Felseneinschnitte und Tunnel, über Dämme und Viadukte, während das Ächzen der Kolben in den Bergen widerhallt. Zweimal passiert der Zug eine Spitzkehre, um Höhe zu gewinnen, die Schlepplok leistet die Führungsarbeit. Wir passieren die Festungen von Shahgai und Ali Masjid, Zeugnisse einer kriegerischen Vergangenheit.

Nachdem wir die Ali-Masjid-Schlucht hinter uns gelassen haben, wird die Steigung etwas sanfter; befestigte Dörfer hinter Lehmmauern säumen die Strecke, Jungen springen auf und begleiten den Zug über die letzten ein, zwei Kilometer. Kurz vor Mittag erreicht der Zug Landi Kotal auf der Höhe des Passes, die Endstation unserer Reise. Umrahmt von den schartigen Gipfeln des Hindukusch eröffnet sich von einem nahe gelegenen Punkt im Westen ein Blick auf die afghanischen Berge in Richtung Kabul – das *finale grande* einer einzigartigen Reise.

OBEN: *Am Mittag erreicht der Zug die Endstation Landi Kotal auf der Höhe des Khyber-Passes.*

GEGENÜBER: *Die Militäreskorte des Zuges nimmt Aufstellung in Jamrud.*

Die Darjeeling-Bahn

VON NEW JALPAIGURI NACH DARJEELING

Laurie Marshall

Wo auf der Welt kann man mit einer dampflokbespannten Schmalspurbahn, die als Weltkulturerbe ausgezeichnet ist, bis in 2256 Meter Höhe reisen – und das alles mit einem Erste-Klasse-Ticket für weniger als eineinhalb Euro? Die Antwort: Im indischen Westbengalen mit der *Darjeeling-Bahn*, die mittlerweile zu den *Indian Railways* gehört, hinauf in den Himalaja.

Die Fahrt von New Jalpaiguri nach Darjeeling dauert achteinhalb Stunden. Zwischen diesen beiden Orten schlängelt sich die zierliche Zwei-Fuß-Schmalspurbahn (610 Millimeter) durch eine der atemberaubendsten Landschaften der Erde. Mit extrem engen Kehrschleifen und einer Höhendifferenz von 2130 Metern auf den ersten 84 Kilometern schraubt sich der Zug im Zickzackkurs ins Gebirge und überquert dabei nicht weniger als 120 Mal die Hauptstraße – kein Wunder, dass Straßenbauingenieure diese gefeierte Eisenbahn am liebsten geschlossen sähen.

Für die britischen Kolonialherren, die im 19. Jahrhundert im Norden Indiens lebten und arbeiteten, war die extreme Hitze vom späten Frühling bis zum Frühherbst beinahe unerträglich. Einen vergleichsweise kühlen Schlupfwinkel bot ihnen die Kette von Gebirgsorten in den Ausläufern des Himalaja, darunter auch das auf 2130 Meter gelegene Darjeeling. Die Stadt wurde 1814 durch die britische *East India Company* ausgebaut und 1835 zum Erholungsort für britische Soldaten erwählt. Der Weg in die Oase war jedoch in einem jämmerlichen Zustand, weswegen die Holperfahrt mit dem Pferdegespann mehrere Tage dauerte. Als der Teeanbau zunehmend florierte, wurde 1879 schließlich der Bau einer Eisenbahnstrecke von Siliguri nach Darjeeling genehmigt. Die Verwirklichung dieses Plans erwies sich als extrem schwierig und gefährlich. Die Arbeiter hatten nicht nur mit Schlangen, Tigern und Elefanten zu kämpfen, sondern mussten ebenso den in Europa unbekannten Krankheiten und den durch heftige Monsunregen verursachten Überschwemmungen und gewaltigen Erdrutschen trotzen.

Mitte 1881 war die Bahn voll betriebsfähig, doch die Original-Lokomotiven aus Großbritannien erwiesen sich für den rasch anwachsenden Verkehr als absolut ungeeignet. 1889 wurde die erste der berühmten 0-4-0-Satteltankloks der B-Klasse von *Sharp Stewart & Company* in Manchester ausgeliefert. 30 weitere sollten in den nächsten 54 Jahren folgen. Noch heute verrichten die letzten Exemplare der

OBEN: *Auch für einen Platz auf dem Dach benötigen Sie ein Erste-Klasse-Ticket!*

RECHTS: *Nicht jede Bahnreise führt in ein malerisches Idyll. Zug Nummer 803 erreicht den Bahnhof von Siliguri auf seiner täglichen Acht-Stunden-Tour von New Jalpaiguri nach Darjeeling – bei nur 88 Kilometern Strecke!*

OBEN: *Die Händler auf dem Markt von Kurseong fürchten die tägliche Durchfahrt der »Darjeeling-Bahn«, da der Ruß häufig ihre frischen Waren ruiniert.*
GEGENÜBER: *Tee wird in der Region um Darjeeling seit fast 200 Jahren angebaut. Das Pflücken ist fast reine Frauenarbeit.*

nur 14 Tonnen schweren, aber leistungsstarken Maschinen die Hauptarbeit. Zwei neue Diesellokomotiven befinden sich in der Testphase. Sollten sie den Service der zwei Mal täglich verkehrenden Dampflokzüge übernehmen, würde die Reise trotz der Zeitersparnis viel von ihrem Charme verlieren.

Wir reisen über Nacht mit dem *Darjeeling Mail* aus Kalkutta an und erreichen New Jalpaiguri um 8.15 Uhr. Da der Anschluss – die so genannte *booked connection* – in der Regel ein Vabanquespiel ist, hetzen wir auf die andere Seite des Bahnhofs, wo der winzige blaue Zug bereits wartet. Die *Darjeeling-Bahn* hat je einen Waggon der ersten und zweiten Klasse sowie einen Gepäckwagen. Schon für vier Wagen sind die Kessel der greisen Lokomotiven zu schwach.

Bereit zum Sturm auf die Berge ist die Lokomotive bis oben hin mit Kohle bepackt. Der winzige Führerstand bietet kaum Platz für Lokführer, Heizer und Schaufel. Draußen balanciert ein Mann gekonnt auf dem wackeligen Kohlehaufen und zerteilt die größeren Brocken. Auf den vorderen Laufbrettern sitzen zwei weitere Männer, die bei der zumeist feuchten Witterung oberhalb von Kurseong Sand auf die glitschigen Schienen streuen.

Ursprünglich fuhren täglich zwei Züge nach Darjeeling, doch die Konkurrenz des Autos hat die Fahrgastzahlen drastisch schrumpfen lassen; zudem ist der Güterverkehr hoffnungslos veraltet. Die *Darjeeling-Bahn* aber ist täglich überfüllt. Neben Touristen nutzen Einheimische mit oder ohne Ticket den Zug für Kurzreisen. Der Großteil der hier lebenden Menschen ist unterschiedlicher Herkunft. So begegnet man Nepalesen, Sikkimern oder Tibetern, die sich anders kleiden als die Bengalen und weniger redselig, aber nicht minder freundlich sind.

Die erste Klasse ist zwar nicht überfüllt, von verschwenderischem Luxus kann jedoch keine Rede sein, selbst für einen Platz auf dem Dach ist ein Erste-Klasse-Ticket erforderlich! Vor Reiseantritt in New Jalpaiguri ist es ratsam, bei der Tourismusbehörde eine Reisegenehmigung – meist in Form eines Stempels im Reisepass – einzuholen. Die ersten drei Kilometer bis nach Siliguri bieten wenig Attraktives. Westbengalen ist grenzenlos überbevölkert; Baracken, Müllberge, unterernährte Straßenkinder, Bettler und streunende Hunde prägen das Bild. Weiter in Richtung Sookna verlaufen die Gleise parallel zur Hauptstraße. Ehe wir in das Land des Tees fahren, überquert der Zug den wenig Wasser führenden Panchanai, in dem zahllose Kinder plantschen. In Sookna wurden früher die aus zwölf Wagen und drei Loks bestehenden Züge geteilt. Vor dem 64 Kilometer langen, fast kontinuierlichen Anstieg bis zum 2258 Meter hohen Scheitelpunkt der Strecke bei Ghoom wird noch

einmal Wasser gebunkert. Die Teeplantagen weichen langsam dichten Wäldern aus Sal-Bäumen und Nadelgewächsen. Kurz hinter Rangtong halten wir, um aus dem gleichnamigen Fluss erneut Wasser aufzunehmen.

Seit Sookna hat der Zug gerade mal zehn Kilometer zurückgelegt, doch 260 Höhenmeter überwunden. Nach dem Wasserstopp folgt die erste von sechs einzigartigen Kehrschleifen. Um die extreme Steigung zu bezwingen, haben pfiffige Ingenieure ein System von »Sackgassen« entworfen, in die der Zug vorwärts hinein und rückwärts wieder herausfährt. Anschließend geht es rückwärts in die nächste Sackgasse und vorwärts weiter in Richtung Darjeeling. Die ganze Prozedur vollzieht sich in beeindruckendem Tempo. Jedes Rangiermanöver wird von einem Lotsen dirigiert, der aus einer verbeulten Blechhütte herauskommt.

Der steilste Abschnitt liegt zwischen Rangtong und Chunbati. Der kleine Zug lässt die Wälder hinter sich, klettert weiter in Richtung Tindharia, meistert zwei weitere Spitzkehren und eine Schleife bei Chunbati. Während des Anstiegs eröffnet sich zu beiden Seiten ein wundervolles Bild auf das Tal des Mahanadi. Kurz vor Tindharia umfährt die Bahn einen Felsüberhang, auf dem die großen Werkstätten und Verwaltungsgebäude der Eisenbahn stehen. Zutritt erhält man allerdings nur nach Genehmigung der *Indian Railways.* Vom Bahnhof aus in Richtung Süden genießt man erneut einen spektakulären Blick auf das Mahanadi-Tal und die weiten Ebenen Westbengalens. Abwarten und Tee trinken – so lautet das Motto, während die Lokomotive für die nächste Etappe ausgetauscht wird. Es ist später Morgen, 35 Kilometer liegen hinter uns.

Auf den nächsten 21 Kilometern erwartet uns der landschaftlich schönste Abschnitt. Ein Gebirgszug folgt auf den nächsten, jeder großartiger als der andere. Wir passieren drei weitere Kehren und eine extrem enge Schleife bei »Agony Point«, dem »Ort der Qualen«, bevor die Lok bei Paglajora aus einem Gebirgsbach Wasser tankt. Bei Mahanadi führt die Strecke an der Hauptstraße entlang. In dem vor Menschen wimmelnden Kurseong wiederholt sich die Prozedur. Während die Lok ihren Durst löscht, halten wir einen Schwatz mit ein paar Mitreisenden und trinken in dem alternden Bahnhofsimbiss eine weitere Tasse Tee. Anschließend stürzen wir uns in das geschäftige Treiben des Basars. Wir befinden uns jetzt in einer Höhe von 1483 Metern über dem Meeresspiegel, 56 Kilometer hinter New Jalpaiguri.

Der Anstieg nach Ghoom hält weitere schöne Ausblicke bereit: Nadelwälder, Teeplantagen und buddhistische Tempel, doch keine Atempause für die Lokomotive. In Ghoom folgt ein längerer Wasserstopp – eine gute Gelegenheit für ein paar Schnappschüsse von einem verblichenen Schild, das den Scheitelpunkt der Strecke anzeigt: den mit 2258 Metern Höhe weltweit höchsten von einer regulär verkehrenden Dampflok erreichten Punkt. Bei Bhatasia beschreibt der Kurs eine eindrucksvolle Doppelschleife vor der grandiosen Kulisse des Himalaja. Die Ankunft in Darjeeling ist weniger sensationell – die Reise ist der Höhepunkt, nicht das Ziel. Wer die berühmte B-Klasse noch in Aktion erleben will, sollte sich beeilen: *Indian Railways* plant die Dampfloks durch Dieselloks zu ersetzen. Dann könnte die legendäre Darjeeling-Bahn schon bald der Vergangenheit angehören.

The Royal Orient Express

VON DELHI NACH RAJASTHAN UND GUJARAT

Walter & Cherie Glaser

Als Großbritannien im Jahr 1948 Indien in die Unabhängigkeit entließ, verloren die Maharadschas ihr Recht, Steuern zu erheben. So sahen sie sich gezwungen, ihre Bahnlinien aufzugeben. Der Bundesstaat Rajasthan erwarb die Wagen für den *Palace on Wheels.* Nachdem sich eine breitere Gleisspur mit moderneren Wagen durchgesetzt hatte, wurden die alten Schmalspurwaggons an die Provinz Gujarat verkauft und als *Royal Orient Express* neu zusammengestellt. Heute gehört dieser Zug zu den letzten Nostalgiebahnen der Welt. Jedes Jahr von April bis September rollt der *Royal Orient Express* durch die überfüllten Städte und das weite Land Westindiens. Eine Fahrt mit dem Luxuszug erinnert an die Zeit, als das Land der Britischen Krone unterstand und für die indische Aristokratie das Reisen mit der Eisenbahn der Inbegriff von Prunk, Komfort und Müßiggang war.

Unsere Fahrt durch Rajasthan und Gujarat beginnt in der Cantonment-Station von Delhi, wo wir von einem stattlichen Inder mit rotem Turban, weißen Handschuhen und beigefarbener Uniform begrüßt werden. »Willkommen zu einer Reise mit dem *Royal Orient Express*«, sagt er mit einem Lächeln und bittet uns im Wartesaal Platz zu nehmen. Als einige Minuten später der *Royal Orient Express* mit lauter Fanfare und fauchendem Dampf in den Bahnhof stampft, herrscht heller Aufruhr. Die makellose Dampflok mit ihrer Aura der Dreißigerjahre ist bereit für ihre bevorstehende 3200 Kilometer lange Reise, eine Fahrt in eine indische Märchenwelt von Tausendundeiner Nacht.

Zwei Stewards führen uns schnellen Schrittes zu unserer komfortablen Kabine. Als wären sie unsere eigenen Diener, ist ihnen kein Handgriff zu viel. Die beiden Einzelbetten wirken bequem und das Abteil vergleichsweise geräumig. An der Decke dreht sich ein klassischer Messingventilator, der wie die Lampen und handgemalten Deckenmuster im traditionellen indischen Design gehalten ist. Zur Einrichtung gehört auch eine Frisierkommode mit Schubladen und eine zusätzliche Koje – die ideale Gepäckablage. Die Ausstattung an Bord des *Royal Orient Express* erweist sich nicht nur als geschmackvoll und originell, sondern auch als außerordentlich praktisch: Einzelne Leuchten und Steckdosen mit wahlweise 110- oder 220-Volt-Anschluss gibt es an allen wichtigen Stellen. Jeder Wagen verfügt über eine kleine Lounge mit Fernsehapparat und Videogerät; zur Unterhaltung der Passagiere bietet die Bibliothek im Barwagen eine

---

OBEN: *Mehr als 200 000 Gläubige kommen jedes Jahr zum Shiva-Fest in Junagadh zusammen.*

LINKS: *Ein neugieriger Wachmann blickt aus dem kunstvoll ornamentierten Fenster des Forts von Jaipur, der Endstation dieser Luxustour im Stile der Maharadschas zu den schönsten Plätzen Westindiens.*

große Auswahl an Büchern und Videofilmen. In der Mitte jedes Wagens befinden sich zwei geräumige Gemeinschaftsbäder mit sauberen Toiletten – lediglich die Handhabung der Duschen erfordert beinahe ein Ingenieurdiplom. Auch die Speisewagen vermitteln mit ihren kunstvoll geschnitzten und blank polierten Holzvertäfelungen ein authentisches Ambiente, wenngleich die traditionelle indische Küche teilweise durch europäische Gerichte ersetzt wurde. Die eifrigen Köche sind auch zwischen den Mahlzeiten unermüdlich im Einsatz, um die täglich frisch angelieferten Waren zu verarbeiten. Während sich der Zug von Ort zu Ort schlängelt, finden wir im Barwagen Entspannung und Unterhaltung.

Als wir am nächsten Morgen erwachen, läuft der Zug im Bahnhof von Chittorgarh ein. Kaum dass wir noch schlaftrunken nach dem Klingelknopf getastet haben, bringt der Service starken, köstlich dampfenden Tee und Toast. Eine Stunde später sitzen wir geduscht und gesättigt in einem Bus in Richtung Fort Chittor. Auf einer steilen, kurvenreichen Strecke nähern wir uns der hoch oben liegenden Bastion, die diese Region in den vergangenen Jahrhunderten schützte. Die gespenstische Silhouette des Berges zeichnet sich drohend im Morgendunst ab, während in der Ferne das schrille Krähen eines Hahns die Stille durchbricht.

Die Geschichte des Forts ist heroisch und tragisch zugleich. Genau auf der Demarkationslinie zwischen dem hinduistischen und muslimischen Indien gelegen, war die Burg immer umkämpft. Für die Verlierer gab es kein Erbarmen. 1568 wurden Bastion und Palast nach 200 Jahren kriegerischer Auseinandersetzungen von den Moguln zerstört. 8000 Hindukrieger,

LINKS: *Dampfend und fauchend rollt diese farbenprächtige Lokomotive des »Royal Orient Express« heran, um die nächste Gruppe privilegierter Passagiere in Delhi an Bord zu nehmen.*

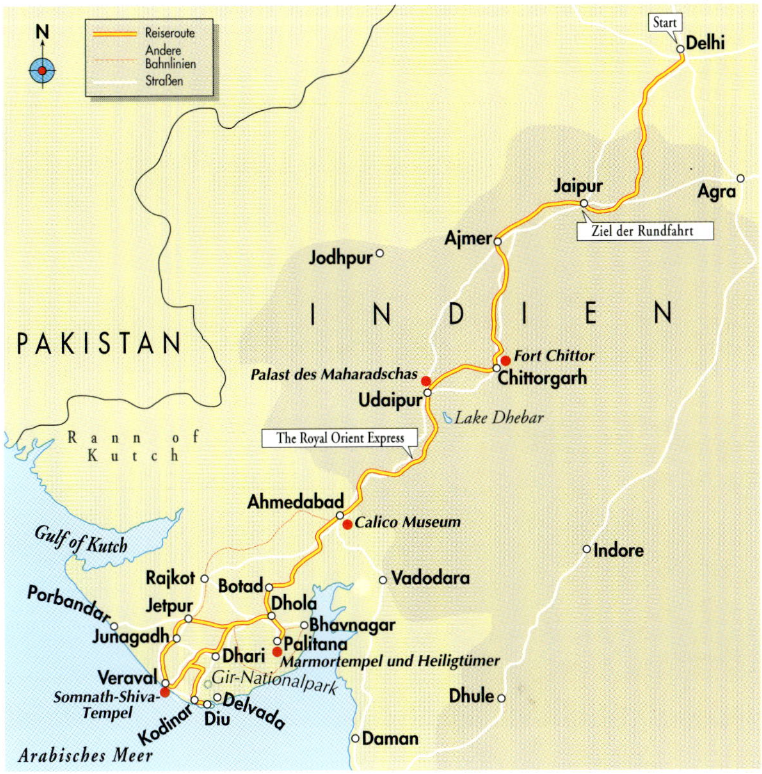

angesichts ihrer hoffnungslosen Lage in orangefarbene Roben gehüllt, suchten ihren Tod in der aussichtslosen Schlacht. Unterdessen nahmen die Frauen ein Bad, tauchten ihre Hände in Henna und pressten sie zum Zeichen ihres Schicksals an die Mauern neben dem Tor. In feinste Seide gekleidet wählten sie den Tod in den Flammen der Scheiterhaufen, um den Schändungen und Vergewaltigungen der Feinde zu entgehen. Seither ist das Fort verlassen.

Wir reisen weiter nach Udaipur. An der Mole besteigen wir ein Boot, das uns an den Ufertreppen des Ortes vorbeiführt, wo eine bunte, lärmende Menschenmenge badet und wäscht. Das Schiff steuert die berühmte, in der Mitte des künstlichen Pichola-Sees gelegene Palastinsel Jag Niwas an, deren sehenswerter Bau so manches Werbeplakat des indischen Fremdenverkehrsverbandes schmückt. Nach dem Taj Mahal ist die Insel die beliebteste Touristenattraktion des Landes, da sie dem klischeehaften Bild von Indien am ehesten zu entsprechen scheint. Heute ist der Palast auf Jag Niwas eines der besten Fünf-Sterne-Hotels des Landes.

An die Mole zurückgekehrt machen wir uns auf den Weg zum Stadtpalast von Udaipur aus dem 17. Jahrhundert. Zwei Flügel der Anlage dienen heute als Hotel, in dem dritten ist ein Museum untergebracht. Dort sind unter anderem die Fotografien und Trophäen des damaligen Maharadschas zu sehen, der einmal bei einer Jagd 33 Tiger erlegt haben soll. Die einzigen Tiger, die man in der Gegend noch findet, prangen an Palastwänden.

Aus den Fenstern der oberen Ausstellungsräume blickt man auf den Innenhof mit vier großen ovalen Vertiefungen, wo einst die Elefanten des Herrschers gewaschen wurden. Heute kann sich der Maharadscha keine Elefanten mehr leisten. Stattdessen muss er sich mit fünf Rolls-Royce, acht Mercedes und einem neuen Jaguar bescheiden. Als wir den Palast verlassen, entdecken wir den amtierenden Maharadscha, eine kleine korpulente Person mit einem großen Schnauzbart, der gerade über die Anlieferung einiger neuer Möbelstücke wacht. Einen Moment lang sind wir versucht, ihn nach der Anzahl seiner Frauen zu fragen – der Harem eines seiner Vorgänger zählte eintausend Damen, die allesamt in der Palastanlage lebten.

Als der Zug am nächsten Morgen durch das Flachland nach Junagadh stampft, lädt man uns in den Lounge-Wagen. Ein 72-jähriger indischer Puppenspieler von internationalem Rang hat dort eine fantastische Bühnenshow vorbereitet. Zu den Trommelschlägen seines 11-jährigen Enkels lässt er die Puppen tanzen und erzählt im Sprechgesang von alten Königen und magischen Abenteuern – ein bezauberndes unvergessliches Erlebnis.

Unser Zug fährt in Junagadh ein, als gerade das Shiva-Fest beginnt. Eine Gruppe hübscher Mädchen überreicht uns zur Begrüßung Blumensträuße, süßlich duftende Colliers aus Jasmin und tupft uns den traditionellen roten Punkt auf die Stirn. Mit dem Bus fahren wir weiter in die Stadt, um uns unter die 200 000 Menschen zu mischen, die einzig und allein zum Götterfest angereist sind. Einige tragen sichtbar teure Gewänder und kunstvoll bestickte Saris in leuchtenden Farben, andere erscheinen in abgerissenen Lumpen.

OBEN: *Das plüschige Interieur des »Royal Orient Express« erinnert an die glorreichen Zeiten, als Maharadschas noch mit Stil zu reisen wussten.*

Erstaunlich, dass es keinerlei Feindseligkeiten oder Reibereien zwischen den unterschiedlichen Gruppen gibt, die sich auf ihrem Weg zu den Tempeln völlig zwanglos vermischen.

Wir machen uns auf den Weg zu dem großen Felsen, in den Kaiser Ashoka vor 2400 Jahren seine Edikte einmeißeln ließ. Die buddhistischen Glaubenssätze ermahnen die Bürger zu »Reinheit der Gedanken, Dankbarkeit, Güte, Ehrlichkeit, Großzügigkeit, Meditation und dem Pflanzen von Bäumen entlang der Landstraßen« – nicht der schlechteste Kodex für ein Gemeinwesen! Zurück im Zug geht es weiter nach Veraval, wo am Ufer des Arabischen Meers die berühmte, Gott Shiva geweihte Tempelanlage von Somnath zu sehen ist. Der Überlieferung nach bestand der erste Tempel aus purem Gold. In dem Heiligtum waren neben 300 Musikern und 500 Tänzerinnen auch 300 Barbiere tätig, die den Pilgern den Kopf geschoren haben.

Eine weitere Überraschung bietet uns der Sasan-Gir-Nationalpark, das letzte Rückzugsgebiet des Indischen Löwen. Es ist nicht verwunderlich, dass die meisten diese majestätischen Raubtiere mit Afrika verbinden, da der Indische Löwe fast bis zur Ausrottung gejagt wurde. Um 1920 war der Bestand in ganz Asien auf 30 Exemplare geschrumpft. Die Art wurde jedoch im Jahr 1913 dank der Initiative des Maharadschas vor dem Aussterben bewahrt, denn mit der Gründung des *Gir National Reserve* fanden die Löwen wie auch Leoparden und Krokodile eine letzte Zuflucht. Inzwischen hat sich ihre Zahl auf 304 erhöht und wegen des Zuchtprogramms können sogar einige Jungtiere für Zoos und Zuchtgebiete außer Landes erübrigt werden.

Vom *Gir Reserve* aus bringt uns der Zug nach Diu. Die ehemalige portugiesische Kolonie wurde von den Truppen Indira Ghandis etwa zur gleichen Zeit zurückerobert, als Goa von den Indern »befreit« wurde. Von den einst acht katholischen Kirchen, die unter der Herrschaft Portugals existierten, ist nur eine übrig geblieben, deren indischem Priester wir während unserer Besichtigung begegnen. Nachdem die portugiesischen Familien inzwischen in ihre Heimat zurückgekehrt sind und es keinen Handel mit Europa mehr gibt, ist Diu wieder ein kleines, verschlafenes Fischerdorf. Trotz des fehlenden internationalen Warenverkehrs hat der Ort eine der höchsten Alphabetisierungsraten der Region und eines der höchsten Durchschnittseinkommen in ganz Indien. Im Nachbarstädtchen Ahmedpur kehren wir ein in ein romantisches Restaurant, wo unter freiem Himmel der Blick auf das Arabische Meer bezaubert. Das opulente Mahl ist allerdings kein Vergleich zu jenem, das die Schwärme unliebsamer Mücken auf unsere Kosten genießen.

Nach dem Frühstück fahren wir mit unserem immer verfügbaren Gujarat-Reisebus nach Palitana, bekannt für seine zahlreichen Tempel und Heiligtümer der Moslems und Hindus. Für die Anhänger des Jainismus ist Palatina so bedeutend wie der Vatikan für die Katholiken. Nach der Stadtbesichtigung bringt uns der Bus zu einer ausgedehnten Ebene am Fuße des Shatrunjaya. Von dort schlängelt sich ein Pfad hinauf zu einer wunderschö-

OBEN LINKS: *Stolz posiert ein Wachmann des Palastes von Jaipur mit seinem sorgfältig drapierten Turban und dem gezwirbelten Schnurrbart für ein Foto.*
OBEN RECHTS: *Von dem Fort in Jaipur aus überblickt man die modernen Randgebiete der Stadt, die sich mit ihren blauen Dächern bis in die Hügel hinaufziehen.*

nen, auf dem Gipfel thronenden Tempelanlage, einem Jain-Hauptheiligtum mit insgesamt 863 Verehrungsstätten – so sagt man. Wir sehen nur ein kleines Stück des 3572 Stufen zählenden Weges, der sich steil in die Wolken schraubt. Und da ein wichtiger Feiertag ist, keuchen Tausende festlich gekleidete Jainas in einem vierstündigen Gewaltmarsch den Berg hinauf.

Für ausländische Besucher, gebrechliche und schwache Pilger stehen Träger zur Verfügung, die ihre menschliche Fracht auf Korbstühlen, die auf zwei Bambusstangen festgezurrt sind, nach oben befördern. Schwitzend schleppen sie sich den Weg bergan, für den sie etwa zwei Stunden benötigen. Der Gipfel in 457 Meter Höhe bietet einen herrlichen Panoramablick über das gesamte Tal und die sich wie ein Gemälde ausbreitende Stadt. Der Haupttempel ist faszinierend: Umgeben von kunstvoll ornamentierten Decken, Säulen und Marmorböden wirken die Bildnisse der Gottheit wie schneeweiße Buddhas. Junge Männer und Frauen tragen als Opfergaben Rosenblätter, Rosen sowie eine Mischung aus Kurkuma und einem honigartigen Sirup, die sie den Gläubigen reichen. Der Rückweg bergab ist in 40 Minuten Dauerlauf erheblich schneller zu bewältigen.

Nächstes Ziel unserer Bahnreise ist Sarkhej, wo wir pünktlich zum Abendessen eintreffen und von einer lauten Fanfare empfangen werden. Wir speisen im Vishalla Village, einem riesigen vegetarischen Restaurantkomplex, der bei Touristen und Einheimischen gleichermaßen beliebt ist. Er umfasst auch ein Museum für indische Koch- und Gebrauchsgegenstände, eine Blumenschau und ein Spezialitätenrestaurant. Die Gäste sitzen auf dem Boden und bedienen sich mit Fingern von den Häppchen, die auf mattenartig zusammengenähten getrockneten Lotusblättern arrangiert sind. Hier in Gujarat trägt praktisch jeder einen Turban; nur bei den Sikhs ist der Kopfschmuck ähnlich populär.

Ein kurzer Bustransfer bringt uns zurück zum *Royal Orient Express*, der uns in Ahmedabad zur wohlverdienten Nachtruhe erwartet. Am nächsten Tag besuchen wir den Treppenbrunnen, ein Meisterwerk der gujaratischen Architektur. Ein Maharadscha ließ den Brunnen fünf Stockwerke tief in den Boden bauen, um sich in den bis zu 40 °C heißen Sommermonaten dorthin zurückzuziehen. Auch das Gandhi Ashram Museum, das Gebäude, in dem Gandhi nach seiner Rückkehr aus Südafrika lebte und den gewaltlosen Kampf predigte, befindet sich in Ahmedabad. Inzwischen zählt die Heimat und Wirkungsstätte des Vaters des modernen, unabhängigen Indien zu den nationalen Heiligtümern. Von hier aus geht es weiter zu dem von Le Corbusier entworfenen Calico Museum, das eine der besten Sammlungen der Textilkunst der Welt beherbergt. In den parkähnlichen Gärten sind wunderschön restaurierte Häuser reicher Kaufleute aus dem 18. Jahrhundert im klassisch indischen Stil mit reichen Reliefs und freskoähnlichen Malereien zu bewundern.

Am Morgen haben wir bereits Jaipur erreicht, das Ende unserer denkwürdigen Reise. Wir besuchen das berühmte Observatorium »Jantar Mantar«. Unter den einzigartigen Instrumenten, die sich teils nach der Sonne, teils nach dem Mond richten, befindet sich auch eine Sonnenuhr, die bis auf drei Sekunden genau geht. Danach geht es zum Palast der Winde. Wenn die hochoffiziellen Würdenträger gerade nicht hinsehen, posieren schmucke, schnauzbärtige Wachmänner für die Schnappschüsse der Touristen. Schneller, als uns lieb ist, kommt der Moment, Abschied von unseren Mitreisenden zu nehmen, Adressen auszutauschen und dem Zug und seiner Crew, die uns so hervorragend betreut hat, Auf Wiedersehen zu winken.

OBEN: *Das Bad in dem künstlich angelegten Pichola-See und das Waschen der leuchtend bunten Saris auf den Stufen von Udaipur sind fester Bestandteil des gemeinschaftlichen Lebens. In der Mitte des Sees liegt die berühmte und wunderschöne Palastinsel Jag Niwas, heute eine Fünf-Sterne-Hotelanlage.*

Der Eastern & Oriental Express

VON SINGAPUR NACH BANGKOK

Gary Buchanan

Der Granitfries angelsächsischer Muskelmänner, die als »Landwirtschaft«, »Handel«, »Industrie« und »Transport« über dem Portikus der Singapur Keppel Station posieren, ist ein erster Vorgeschmack auf die bevorstehenden, unwirklichen Ereignisse. Uniformierte Pagen wirbeln mein Gepäck durch die Jugendstil-Säulenhalle des Hauptbahnhofs zur Rezeption, wo mich ein paar in bunte Sarongs gehüllte Malaysierinnen lächelnd Willkommen heißen. Einige Minuten später werde ich zum luxuriösesten Zug östlich von Eden eskortiert und mit einer graziösen Verbeugung winkt mich ein Steward in seidenem Jackett an Bord.

Wie eine Schlange windet und krümmt sich der *Eastern & Oriental Express* aus der Metropole der Wolkenkratzer und des Hightech in Richtung Norden. Endlose Wohngebiete weichen der einem Flughafen ähnlichen Woodlands Station, wo letzte Formalitäten erledigt werden, bevor wir die Inselrepublik offiziell verlassen. Als die 22 dunkelgrünen Waggons im Dunst der Mittagshitze über den Straßen- und Eisenbahndamm rollen, der Singapur mit Malaysia verbindet, richten sich auch die Blicke der Autofahrer auf das elegante Schienengefährt. Der Bahnhof von Johor Bahru am nördlichen Ende des Damms ist ein uriges Relikt aus der Kolonialzeit mit kunstvollem Eisendekor und gepflegten Topfpflanzen. Das Wappen mit Halbmond und Stern über dem Eingang erinnert daran, dass wir nun durch ein islamisches Land reisen. Während ich in meinem Schlafwagenabteil einen Tee trinke, erklärt mir der thailändische Steward die Handhabung von Klimaanlage und Beleuchtung, den günstigsten Neigungswinkel der Jalousien und den Temperaturregler in der Dusche. Ein Blick aus dem Fenster lässt keinen Zweifel daran, dass die Reise tief in den tropischen Urwald der Malaiischen Halbinsel führt.

Draußen ein bewegtes Pflanzenmeer: Kaffeesträucher, klein und rund, mit dunklem Laub, weißen Blüten und leuchtend roten Bohnen, Kakaobäume mit großen, herabhängenden Blättern und dicken Früchten, in monotonen Linien hoch aufragende Gummibäume, deren grauweiß gefleckte Stämme die schwarzen Zapflinien unterbrechen. Gemüsegärten, Bananenstauden, Dattelpalmen und langohrige

OBEN: *»Samoosa von gebackenen Früchten mit Ingwereis«, ein Dessert à la »Eastern & Oriental Express«*
RECHTS: *Das exotische Emblem des »Eastern & Oriental Express« – ein konvenables Dekor an den dunkelgrünen und elfenbeinfarbenen Speisewagen.*

EASTERN & ORIENTAL EXPRESS
E&O
ERN & ORIENTAL

Rinder sind die Vorboten kleiner Dörfer aus Pfahlbauten, deren Eingänge nur über eine Leiter zu erreichen sind. Wie ein feuchter Schleier legt sich die tropische Schwüle über das undurchdringliche Grün des Dschungels.

Als das Zwielicht rasch der Nacht und ihrem sternenübersäten Himmel weicht, beginne ich über den Ort des abendlichen Speisens nachzudenken – das schmuck herausgeputzte *Singapur Restaurant Car* oder der mit Ulmenholz getäfelte *Siam Dining Car?* In beiden unterstreicht die elegante Atmosphäre die exotischen europäischen und asiatischen Genüsse. Später sitze ich im Barwagen mit seinem überreichen Dekor der thailändischen Wandschnitzereien, Intarsien und der Spiegel, die das dezente Apricot der Polsterkissen, die blitzenden Messingaccessoires und den Lichtschein der Pullman-Lämpchen vervielfachen. Zu den Broadway-Klängen des »hofeigenen« Pianisten beobachte ich, wie der Zug in Kuala Lumpur einläuft. Der mit Zwiebeldächern, Minaretten, maurischen Bögen und Türmen verzierte

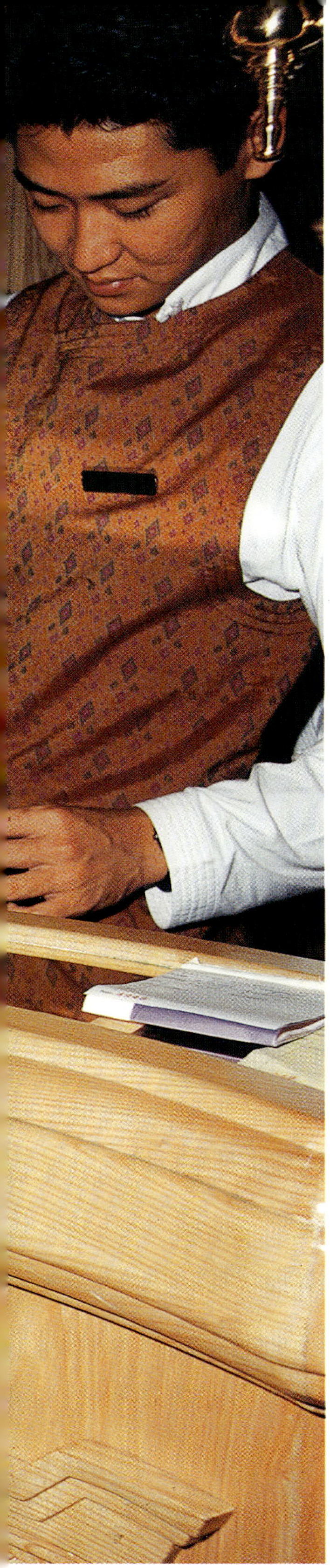

Bahnhof ist zweifellos der schönste in ganz Südostasien. Als der Zug die malaysische Hauptstadt wieder verlässt, erleuchten die mächtigen Zwillingstürme der Petronas Towers den nächtlichen Himmel. Kurz vor Mitternacht ziehe ich mich in mein Abteil zurück und lasse mich vom hypnotisierenden Manöver des Zuges auf seinem Kurs über die Meterspurstrecke in den Schlaf wiegen.

Der *Eastern & Oriental Express* bietet drei Kategorien der Schlafwagenabteile, die alle über Dusche und WC verfügen. Die *Pullman Compartments* entsprechen den klassischen europäischen *Wagons-Lits.* Im doppelt so großen *State Compartment* schläft man standesgemäß in zwei nebeneinander angeordneten Betten. Den größten Luxus bieten die beiden geräumigen *Presidential Suites.*

Bei Tagesanbruch rollt der Zug in Ipoh ein, der »Zinnhauptstadt der Welt«. Die einstöckigen Häuser in der Nähe des Bahnhofs erwecken mit ihren vergitterten Veranden die Illusion eines malaiischen Außenpostens – samt Club, Rasthaus und Gummiplantage.

Aus dem Panoramawagen schweift mein Blick über die Baumkronen, die der Morgennebel umfängt. Das sanfte Dämmerlicht enthüllt bizarr geformte, blassrosa bis rote Kalkfelsen, Felsterrassen und schäumende Flüsse in ihrem steinigen Bett – welch ein Kontrast zu den sumpfigen Urwaldflüssen des Vortags. Von meinem Aussichtspunkt auf dem offenen Deck schieße ich ein Foto von der Spitze des Zuges, der sich auf seinem gewundenen Kurs hoch hinaufschraubt. Wir passieren steile Schluchten, in denen solitäre Gummibäume die Chance hatten, zu wahren Giganten heranzuwachsen.

Während der *Eastern & Oriental* weiter gen Norden fährt, sehe ich immer häufiger eigentümliche Geisterhäuschen und Mönche in safrangelben Roben – untrügliche Zeichen des Buddhismus und der Nähe zu Thailand. Die letzten Passagiere hatten ihr leichtes Frühstück im Abteil bereits beendet, als der Zug in eine typisch südostasiatische Landschaft eintaucht: smaragdgrüne Reisfelder bis zum Horizont, hin und wieder winzige Pfahlhütten, Wasserbüffel und Landarbeiter mit kegelförmigen Strohhüten.

Um neun Uhr erreichen wir Butterworth, die traditionelle Endstation im regulären Eisenbahnverkehr auf der Südroute von Thailand her oder der Nordstrecke aus Singapur. Der moderne Bahnhof ist auch ein Verkehrsknotenpunkt in der Verbindung zur Gewürzinsel Penang. Mit einem zweistündigen »Landgang« nach Georgetown genehmigen sich die Zugpassagiere eine Pause vom Kreuzfahrtluxus. Ich bin fasziniert von der reichen Kolonialgeschichte der Stadt und ihrem geschäftigen Hafenviertel, dessen Märkte eine riesige Auswahl an chinesischen, indischen und thailändischen Waren bieten. Allerdings verzichte ich auf einen Besuch des Schlangentempels, in dem sich – so erzählt man mir – lebende Schlangen auf dem Altar rekeln.

Kurz vor dem Mittagessen rast der *Eastern & Oriental Express* weiter in Richtung Thailand. Am Grenzübergang in Pedang Besar erscheinen die

LINKS: *Eine Hostess serviert Getränke in dem luxuriösen, mit prächtigen thailändischen Schnitzereien und Intarsien verzierten Barwagen.*

Hostessen in den Bar- und Aussichtswagen plötzlich wie von Zauberhand in golddurchwirkte thailändische Gewänder gekleidet, und anstelle des *Tiger Beer* aus Singapur wird Thailands *Singha Gold Beer* ausgeschenkt. Während mein diensteifriger Steward die Zollformalitäten erledigt, stelle ich meine Uhr um eine Stunde zurück.

Der Luxuszug rauscht nun durch das ehemalige Siam. Statt der Kuppeln islamischer Moscheen prägen die geschwungenen Dächer buddhistischer Tempel das Bild. In Hat Yai stürmen Straßenhändler in den Zug, um den Passagieren Obst und gegartes Huhn zu verkaufen. Ihre Waren balancieren sie in großen, aus Palmblättern geflochtenen Tellern in waghalsiger Manier auf dem Kopf.

Ich fiebere bereits den Vergnügungen des zweiten Abends entgegen, als ich mir den Staub des vergangenen Tages von der Haut dusche. Auf dem Weg in den Speisewagen reflektiere ich über eine wichtige Entscheidung: Rinderfilet nach Szetschuan-Art oder traditioneller, scharfer malaysischer Fischcurry? Die Reisenden versammeln sich zu einem Drink im Barwagen oder plaudern in der eleganten, ganz in burmesischem Teakholz gehaltenen Pullman-Lounge samt Bibliothek und Boutique.

OBEN: *Die thailändische Verkäuferin in der Boutique des »Eastern & Oriental Express« präsentiert ein Tuch mit dem Emblem des Zuges.*
RECHTS: *Der »Eastern & Oriental Express« hält auch in Butterworth Station, der Festlandverbindung zur malaysischen Gewürzinsel Penang.*

KTM
AGA KEBERSIHAN
2
EASTERN & ORIENTAL EXPRESS
ARRIVAL TIME: 10.15AM
25104

Früh am nächsten Morgen kreuzt der Zug durch das typisch thailändische Hinterland: Männer mit Strohhüten waten brusttief durch Kanäle und ernten exotische Blumen, Kinder spielen im seichten Wasser, weiße Reiher schwingen sich über lindgrünen Reisefeldern in die Lüfte. Während die wärmende Sonne immer weiter in den Himmel klettert, überzieht der aufsteigende Dunst die überschwemmten Felder mit einem unwirklichen Schleier.

Die letzte Etappe dieses 2020 Kilometer langen, 42-stündigen Dschungelabenteuers über die Malaiische Halbinsel führt den Zug mit einem Abstecher westwärts nach Kanchanaburi zur berühmten Brücke über den Kwai. Die spektakuläre Kulisse der burmesischen Berge steht im Kontrast zu dem schrecklichen Ruf der im Zweiten Weltkrieg berüchtigten »Todesbahn«. Wir steigen aus und machen ein paar Fotos von unserem Zug auf seinem Weg über »die Brücke am Kwai« – ein modernes Bauwerk unweit der berüchtigten alten Holzbrücke. Anschließend genießen wir eine einstündige Fahrt auf einem Bambusfloß flussabwärts, vorbei an Hausbooten, die überwuchert von tropischer Vegetation am Ufer vertäut liegen.

Einige Stunden später streift der *Eastern & Oriental Express* bereits die Vororte Bangkoks. Händler haben ihre mobilen Garküchen so dicht an den Gleisen errichtet, dass sie Gefahr laufen, überfahren zu werden. Unerschütterlich sitzen die Thais nur eine Handbreit von den Gleisen entfernt und kauen stoisch ihre zweite Reismahlzeit. Ich beobachte Dorfbewohner und Händler beim Vorbereiten ihrer Marktstände, sehe, wie sie geschickt Ananas, Kokosnüsse und Wassermelonen zerteilen, während ich im klimatisierten funkelnden Speisewagen meinen eigenen Gaumenfreuden fröne.

Leider findet die vornehme Stille dieser orientalischen Märchenreise in Bangkoks Bahnhof Hua Lamphong ein jähes Ende. Die pulsierende Metropole bereitet den erlauchten Gästen einen frenetischen Empfang. Ich habe mein Ziel erreicht, das Ende eines von der Wirklichkeit entrückten, tropischen Eisenbahnabenteuers, dessen Geist mühelos in dem Schmelztiegel dieser Stadt aufgeht, die wie keine andere Tradition und Moderne verbindet.

OBEN: *Eine Vielfalt an Klängen, Farben und Gerüchen charakterisiert Bangkoks Chinatown. Tag und Nacht ist sie ein Kaleidoskop fernöstlichen Lebens, überall wird gekauft und verkauft, die Menschen spielen »mah jong«, trinken Tee, essen …*
LINKS: *Der 22 Wagen lange »Eastern & Oriental Express« schlängelt sich durch die üppige tropische Vegetation Thailands.*

China – Vietnam

VON PEKING NACH HANOI

Peter Neville-Hadley

Die fast 3000 km lange Reise von Peking nach Hanoi beginnt mit dem einfachen Kauf einer Fahrkarte. Doch leichter gesagt, als getan. Am Bahnhof von Peking gibt es keinen internationalen Fahrkartenschalter und das in einem Hotel versteckte Büro für Bahnfahrten ins Ausland bietet nur Tickets nach Ulan-Bator, Moskau und sogar nach Pjöngjang, nicht aber nach Hanoi.

Letztere sind nur bei der *Construction Bank of China* erhältlich – kein Wunder, dass die wenigsten Besucher sie bekommen. Dies alles erfährt man über die telefonische Auskunft der Eisenbahn, allerdings nur in Mandarin. Also ist erst noch der Gang zum internationalen Ticketoffice am Westbahnhof erforderlich, um Hinweise zur Lage der besagten Bank zu erhalten. Am anderen Ende der spärlich beleuchteten, mit Marmor gefliesten Kundenhalle befindet sich eine abgetrennte Ecke, die als Reisebüro dient. Am Fenster steht in selbstklebenden Schriftzeichen *Henei,* der chinesische Name für Hanoi. Das »Büro« ist nicht besetzt. Ein von innen an die Glasscheibe gehefteter Zettel verrät in unleserlicher Handschrift die Mobilfunknummer des Personals. Ein Anruf bestätigt die Einzelheiten. Nachdem ich die Nummer meines Passes durchgegeben habe, wird die Buchung akzeptiert. Am nächsten Tag sitzen zwei Frauen mittleren Alters hinter der Glasfront und zählen gemächlich große Bündel Banknoten. Schließlich erklärt sich eine bereit, das Formular für ein Auslandsticket auszufüllen, zahlbar in Schweizer Franken.

»Es ist eigenartig, dass Tickets nach Hanoi nur hier erhältlich sind«, bemerke ich.

»Ja«, entgegnet sie lächelnd, »sehr eigenartig.«

»Warum kann man sie nicht am internationalen Fahrkartenschalter kaufen?«

»Weil wir ihm keine geben.«

Soweit ihre erklärenden Worte.

Berichte über chinesische Pläne, zwölf Milliarden US-Dollar in den Bau einer Transrapidstrecke zwischen Peking und Shanghai zu investieren, könnten den Reisenden einen falschen Eindruck vermitteln.

OBEN: *Die chinesischen Personenwagen, die auf der 2967 Kilometer langen Strecke von Peking nach Hanoi verkehren, sind zwar alles andere als luxuriös, aber ein exklusives Schaufenster auf den chinesischen Alltag.*

RECHTS: *Kleinhändler verkaufen auf den Bahnsteigen Snacks an die zahllosen hungrigen Passagiere. Hier, im Bahnhof von Guilin Nord bildet sich eine Schlange vor einem Stand mit »Zhutongfan«, gebratenem Reis in dicken Bambusröhren.*

桂林北
GUILIN BEI

In der Tat täuscht der schwache Glanz der größeren Städte darüber hinweg, dass China in weiten Teilen noch immer Entwicklungsland ist, in dem Bahnreisende meist mit altersschwachen klapprigen Waggons Vorlieb nehmen müssen. Eine Fahrt mit der chinesischen Bahn bietet keinerlei Komfort oder Luxus, allerdings lernt man auf diese Weise am besten das authentische, vornehmlich ländliche China und seine Bewohner kennen.

Wegen der zumeist hohen Erwartungen ist Peking für viele Besucher eine Enttäuschung. Verkehrsstaus und Baulärm rund um die Uhr spiegeln den langsamen Wandel zu einer sozialistischen Marktwirtschaft im Land. Um für den neuen Westbahnhof Platz zu schaffen, wurde in kürzester Zeit ein riesiges Areal mit pittoresken Überresten alter Häuser dem Erdboden gleichgemacht. Darauf entstand das eindrucksvollste und zugleich geschmackloseste Gebäude Pekings, dessen postmoderne Mischung traditioneller Architekturelemente, filigrane Türme und gewaltige Bögen, überdimensioniert und verspielt wirken.

Angesichts der Größe Chinas und auch der Topographie nimmt eine Reise mit der Bahn schnell monumentale Ausmaße an. Man kann je nach Sitz- oder Liegekomfort zwischen drei unterschiedlichen Klassen wählen: *Hardseater, Hardsleeper* und *Softsleeper*. Der Zug T5 nach Nanning im Südwesten verkehrt täglich, zweimal wöchentlich werden zusätzlich zwei *Softsleeper*-Wagen zur Weiterfahrt nach Vietnam angekoppelt. Die Passagiere dieser Schlafwagen der ersten Klasse haben einen eigenen Warteraum mit Lehnstühlen und einen separaten Zugang zum Bahnsteig. So ersparen sie sich die drängenden Menschenmassen, die sich um die wenigen, nicht reservierten Plätze in der *Hardseater*-Klasse streiten. International verkehrende Züge sind in China gewöhnlich etwas komfortabler als Inlandszüge. Unserer ist allerdings ein getarnter Inlandszug von mittelmäßigem Stan-

OBEN: *Der Speisewagen des Zuges T5 nach Nanning ist abends meist überfüllt und verraucht und auch das Essen nicht gerade eine Offenbarung.*

GEGENÜBER: *Das postmoderne Gebäude des Pekinger Westbahnhofs, ein Sammelsurium traditioneller chinesischer Baustile.*

dard, ausgestattet mit zwei bequemen Etagenbetten, mit Spitzen und Fransen verzierten Schonbezügen und passenden Tischdeckchen. Eine Thermoskanne hält kochend heißes Wasser aus dem Boiler am Ende des Wagens bereit zur Zubereitung von Tee und *fangbian mian* – Instantnudeln.

Der Pfiff ist verhallt, die Türen sind zugeschlagen. Um exakt 10.51 Uhr setzt sich der Zug mit einem plötzlichen Ruck und leisem Schwingen der Tüllgardinen in Bewegung. Nachdem wir die endlosen Vorstädte Pekings hinter uns gelassen haben, breitet sich vor uns das braun-grüne Schachbrettmuster der Felder in der nordchinesischen Ebene aus. Nur von einzelnen, viele Stunden voneinander entfernten Städten wird es unterbrochen. Auf den Straßen liegt Getreide ausgestreut, um von den Autos gedroschen zu werden. Wie winzige Wälder wirken gestutzte Maisfelder, deren Kolben als leuchtend gelbe Tupfen auf den Dächern der Backsteinhäuser trocknen. Die Mauern entlang der Strecke, auf denen einmal Slogans wie »Bewaffnet euren Verstand mit dem Geist Mao Tse-tungs« zu lesen waren, tragen noch immer die seltsam anmutende Anordnung »Bringt nur ein Kind zur Welt«. Doch zumeist spiegeln sie den Vormarsch der Konsumgesellschaft mit Reklame für Dünger, Medikamente, Haarfärbemittel und Fernseher wider.

China ist vielleicht das letzte große Land des Eisenbahnbaus. Der Fünfjahresplan, der im Jahr 2000 endete, forderte die Erneuerung von 10 000 Streckenkilometern, darunter zweigleisige Abschnitte, die von ausländischen Gesellschaften vor fast einem Jahrhundert verlegt wurden. Aber auch neue Strecken wurden gebaut – zum Teil in die ärmsten Provinzen des Landes, darunter eine mitten durch die autonome moslemische Bergprovinz Ningxia. Eine weitere Trasse führt 1000 Kilometer entlang der furchterregendsten Wüste des Landes, der Taklamakan (was so viel bedeutet wie »wer dort hineingeht, kommt nie wieder heraus«) in der autonomen Region Xinjiang. Es ist zumindest kein Zufall, dass diese Linien in Gegenden mit ausgeprägtem Hang zu Aufruhr und Separatismus vorstoßen.

Südlich von Peking ist der Großteil des Streckennetzes elektrifiziert und mit einem computergesteuerten Signalsystem ausgerüstet. Die Begeisterung der Chinesen für *tie lu*, die »eiserne Straße«, ist noch relativ jung. Die Briten führten 1865 in Peking eine Modelllokomotive vor und bauten später innerhalb der Stadtmauern den ersten Bahnhof (er wurde erst kürzlich als Einkaufszentrum wieder eröffnet). Franzosen bauten in Shanghai die erste reguläre Bahn, die anschließend von der chinesischen Regierung gekauft und prompt wieder herausgerissen wurde. Nichtsdestotrotz entstanden zwischen 1896 und 1905 unter ausländischer Regie mehr als 10 000 Kilometer Gleisstrecke – das Kernstück des aktuellen Streckennetzes. 1909 schuf der in den USA ausgebildete Ingenieur Zhan Tianyou die erste gesamtchinesische Eisenbahn, die bei Badaling unter der Großen Mauer hindurchführt.

Während der Zug gemächlich in Richtung Süden rumpelt, wiederholt sich das Landschaftsbild. Leuchtende Granatapfelplantagen weichen farb-

losen Industriegebieten, Betonmauern und Blechhütten. Dann wieder Felder und Bäume. Bis zum frühen Nachmittag hat sich eine düstere Finsternis über die Landschaft gelegt, die kaum das Ende des nächsten Feldes erahnen lässt. Rauchsäulen, die von brennenden Stoppelfeldern aufsteigen, sind die unübersehbare Ursache dieses ganzjährigen Phänomens. Gelegentlich überqueren wir ein breites, ausgetrocknetes Flussbett, dessen Ufer einige Meter über die Felder aufragen. Gegen 17 Uhr erreichen wir den 600 Kilometer von der Hauptstadt entfernten Gelben Fluss, die traditionelle Wiege der chinesischen Zivilisation. Seine Überquerung dauert eine volle Minute. Der übermäßig gestaute und angezapfte Fluss erreicht die meiste Zeit im Jahr nicht einmal mehr das Meer; im Frühherbst ist er nur ein müdes Rinnsal.

Die Fahrgäste in den Kurswagen nach Hanoi sind überwiegend schlafende Vietnamesen, die sich auch von den Trolleys nicht stören lassen, die beladen mit *kuai can,* Fast Food in Pappschachteln, gelegentlich vorbeiklappern und lange vor ihrer Ankunft von schrillen Stimmen angekündigt werden. Die gelangweilten redseligen Zugbegleiter bedrängen oftmals die tief schlummernden Reisenden. Meist stammen sie aus Nanning, der Endstation für den Hauptteil des Zuges. Und ihr winziges Abteil am Ende des Wagens ist mit Waren voll gestopft, die sie zu Hause verkaufen wollen.

An diesem Abend ist der Speisewagen brechend voll. Das andere Ende ist durch die Rauchschwaden kaum zu sehen und den freien Platz zwischen den Tischen füllen einige Bauern aus dem *Hardsleeper*-Wagen. Nachdem ich

OBEN: *Reisende suchen sich einen manchmal etwas unkonventionellen Weg aus den Regionalzügen im Bahnhof von Dong Dang an der Grenze zu China.*
GEGENÜBER: *Geduldig wartet diese Händlerin mit ihrem typisch vietnamesischen Strohhut auf dem Bahnhof in Hanoi auf Kunden.*

endlich einen freien Platz ergattert habe, bringt mir ein Kellner in Polizeiuniform einen Zettel, auf dem in unleserlichen Lettern sechs überteuerte Gerichte aufgelistet sind. Er setzt sich ebenfalls und nimmt meine Bestellung auf. Das Resultat – ein Teller mit wenig Hühnerfleisch an vielen Knochen, ein weiterer mit öltriefenden Bohnen, beides bereits kalt – ruft mir einen Ausspruch Mao Tse-tungs ins Gedächtnis: »Keine Revolution ohne heiße Mahlzeit.« Obwohl der Gründer der KPC mit »heiß« (im Englischen *hot*) wohl eher die Schärfe als die Temperatur meinte, verursacht das Essen neben dem steinharten Reis in meinem Magen genau das – eine Revolution. Hungrige Bauern, die das leiseste Zeichen meiner Sättigung herbeisehnen, sind überglücklich, als ich den Platz räume.

Hankou liegt am Changjiang, am »langen Fluss«, im Westen besser als Yangtze bekannt. Im Gegensatz zu dem trockenen, kühlen Herbstklima im 1205 Kilometer weiter nördlich gelegenen Peking ist die Nachtluft hier angenehm mild und feucht. Allem Anschein zum Trotz ist das Leben auf beiden Seiten des Ufers traditionell sehr unterschiedlich. Angeblich schneit es nördlich des Yangtze, nicht aber südlich des Flusses. Im Süden wird Reis angebaut, während man im Norden Weizen kultiviert. Der Yangtze steht auch für den Bruch mit dem ursprünglich fremdbestimmten Eisenbahnbau. Die sowjetische Vorliebe für kolossale Beton- und Stahlkonstruktionen imitierend, baute man eine doppelstöckige Brücke für den Straßen- und Schienenverkehr – als Symbol für das »neue« China, das nach Maos Politik des »großen Sprungs nach vorn« in nur wenigen Jahren den Westen übertreffen sollte. Die ehemals schmucklose Brücke zieren heute unzählige Lichter und neonbeleuchtete, schwimmende Restaurants säumen die Uferböschungen.

Am nächsten Morgen fällt der Blick auf akkurat terrassierte Reisfelder, die über ein Kanalsystem sparsam bewässert werden. Stellenweise überflutete Netze verraten, dass die Felder auch der Fischzucht dienen.

Tags darauf steigert sich am späten Vormittag allmählich die Dramatik der Landschaft, einer der berühmtesten Chinas: die Karstkegel von Guilin. In einer atemberaubenden Vielfalt sind sie auf unzähligen Bildern der traditionellen chinesischen Malerei festgehalten. Hunderte Besucher schwärmen aus Wagen der *Hardsleeper-* und *Hardseater*-Klasse, um sich in den Tumult der Postkartenverkäufer, Reiseführer, gellenden Lautsprecherdurchsagen und grell blinkenden Anzeigentafeln zu stürzen. Viele lassen sich in einem Boot den Fluss hinabtreiben und versuchen in den bizarren Gesteinsformationen die Tiere und Gegenstände zu entdecken, deren Namen sie tragen. Am Bahnsteig gönne ich mir traditionelles *Zhutongfan,* Reis mit Wurststückchen, serviert in einer dicken Bambusröhre mit einer Scharnierklappe an der Seite zum Öffnen: ölig und zäh, aber genießbar.

Südlich von Guilin queren wir weite Felder, vorbei an Bananenstauden, den ersten Vorboten der Tropen. Mühsam schleppt sich der Zug, nun gezogen von einer Diesellok, um die Erhebungen, bohrt sich durch Felsen, rollt vorbei an Dörfern und gelben Backsteinmauern. Zwischen Zuckerrohrfeldern und einer immer artenreicheren tropischen Vegetation ziehen Bauern auf Wasserbüffeln nach Hause. Am späten Nachmittag bringt ein Zugbegleiter frohe Kunde. In Nanning, so erklärt er, hat der Zug drei Stunden Aufenthalt und wird neu zusammengekoppelt. Die beiden *Softsleeper*-Wagen werden aus der Mitte des Zuges genommen und zusammengehängt

mit einigen neuen *Hardsleepers* für weitere Passagiere aus Nanning. Einen Speisewagen wird es bis zur Einreise nach Vietnam nicht mehr geben; die Passagiere haben jedoch genügend Zeit, um in der Stadt etwas zu essen.

In der *Softsleeper*-Klasse herrscht einigermaßen Ruhe, da man hier im Gegensatz zum restlichen Zug die grellen Lautsprecherdurchsagen abschalten kann. Als wir uns Nanning nähern, mache ich den Kasten jedoch an, für den Fall, dass es etwas Interessantes zu hören gibt. Die Stimme nennt das Jahr, in dem Nanning »befreit« wurde, die örtlichen Produkte und warnt vor den fehlenden Ampeln an den Kreuzungen – völlig unbegründet, wie ich bei einem Stadtspaziergang feststelle. Richtiger ist, dass sich die Menschen benehmen, als gäbe es an den Kreuzungen keine Ampeln. Die unzähligen Palmen in Nanning verleihen der Stadt eine tropische Atmosphäre. Obwohl »die grüne Perle« zwei Millionen Einwohner zählt, gibt es kaum Lichter und in Bahnhofsnähe erstaunlich wenig Essensmöglichkeiten.

Der erheblich verkürzte Zug rumpelt nun weiter in die Dunkelheit und erreicht kurz nach Mitternacht die chinesische Grenze. Entgegen unseren Erwartungen gestalten sich die Abfertigungsformalitäten zwischen zwei der letzten kommunistischen Länder der Welt wenig dramatisch. Völlig arglos erscheint die Gruppe von Männern und Frauen in kakifarbener Militäruniform, die den Zug besteigt. Sichtlich gelangweilt und schwatzend reichen sie die Pässe von Hand zu Hand, ohne das Geschriebene wirklich zu verstehen. Nachdem die Dokumente drei Stunden später zu ihren Besitzern zurückgekehrt sind, brummt der Zug zufrieden über die Grenze nach Dong Dang auf vietnamesisches Territorium. Das gelb getünchte Bahnhofsgebäude verströmt bescheidene Grandeur mit leichten französischen Anklängen bei den Fenstern mit Lamellenläden und dem vietnamesischen Wort für Bahnhof: *ga* (von franz. *gare*). Ungepflegte Reisende kauern auf einer Holzbank in der Ecke neben drei Fenstern, hinter denen gelangweilte Zoll- und Einreisebeamte nach Erledigung der Papiere tatenlos herumsitzen. Widerwillig werden die Uhren um eine Stunde zurückgestellt, als würde es das schier endlose Warten noch weiter in die Länge ziehen.

Während die Dämmerung langsam herankriecht und einen drückend schwülen Tag ankündigt, dürfen wir endlich einsteigen. Unser Wagen scheint für einen Bürgerkrieg gerüstet zu sein. Die Fenster bestehen aus drei Schichten: einem Rollladen, der Glasscheibe und einer Art Fliegengitter – alle durch merkwürdige Riegel zu bedienen. Das untere Bett in meiner Kabine lässt sich in ein bequemes Sofa verwandeln; unterhalb des kleinen Tisches verbirgt sich ein Handwaschbecken mit fließendem Wasser. Da die vietnamesische Eisenbahn von den Franzosen gebaut wurde, sind die WCs jene typischen Stehtoiletten mit nur zwei Fußtritten. Die Gleisspur ist schmaler als das europäische Standardmaß und alles wirkt ein wenig gedrungen. Die Anwesenheit von nicht weniger als drei kleinen Lokomotiven an der Spitze des Zuges lässt eine anstrengende Fahrt vermuten.

Der Zug setzt sich im Schritttempo in Bewegung. Während wir Dörfer durchfahren, die sich kaum von denen auf der chinesischen Seite unterscheiden, überholen uns wiederholt Fahrradfahrer auf alten reifenlosen Drahteseln. Sie scheinen sich nicht einmal sonderlich anzustrengen. In dem schönen, rustikalen Speisewagen finde ich zu meinem Erstaunen nur drei strickende Zugbegleiterinnen, die kein großes Interesse zeigen, mir eine Tasse Kaffee zu verkaufen.

Nachdem ich die diversen Fensterschichten unsanft aus der Sicht gehebelt habe, blicke ich auf Menschen mit Kegelhüten, die ihre Waren an Bambusstangen tragen und Motorräder, auf denen ganze Familien sitzen. Das rhythmische Rattern und Klappern durch das offene Fenster und das Schnurren eines alten Ventilators sind eine angenehme Abwechslung von der hermetischen Verplombung des chinesischen Zuges. Ein Zugbegleiter besteht jedoch darauf, das Gitter wegen der Steine werfenden Jungen zu schließen. Und tatsächlich schleudert wenig später ein Bengel, wenngleich aus einer ungefährlichen Entfernung, irgendetwas gegen den Zug. Außerdem scheint ein Reisezug eine derartige Rarität zu sein, dass jeder seine Arbeit auf dem Feld unterbricht und uns nachblickt.

Nachdem der Zug die lange, unförmige Brücke über den morastigen Song Hong, den Roten Fluss, passiert hat, poltert er in den Bahnhof von Hanoi, ein lang gestrecktes, gelbes Gebäude aus der Kolonialzeit. Der Tausch von 100 US-Dollar macht mich auf einen Schlag zum Dong-Millionär. Ich bahne mir den Weg durch Hundertausende Zweiräder, um in der Eleganz des »Hanoi Metropol« aus dem Jahr 1901 Ruhe und eine heiße Dusche zu finden.

Später, als ich mit einigen amerikanischen Freunden bei einem *Café au lait* sitze, habe ich das Gefühl, etwas geleistet zu haben, was durch ihr Erstaunen über meine freiwillige, entbehrungsreiche Reise noch verstärkt wird. Natürlich kann man heute mit dem Flugzeug jeden Ort in China schnell erreichen. Doch ersetzt der Komfort eines Fluges nicht die vielfältige Landschaft, die eine Bahnreise häppchenweise Kilometer um Kilometer am Fenster serviert. Während Fliegen den Eindruck eines modernen, urbanen China vermittelt, offenbart eine Reise mit dem Zug die ungeheure Größe des Landes, die Wirklichkeit einer immer noch primär ländlichen Gesellschaft und einer Landschaft, in der sich trotz jahrhundertelanger *ku li*, »erbitterter Arbeit«, kaum etwas verändert hat.

Wer das wirkliche China erleben will, reist mit dem Zug.

GEGENÜBER: *Ein Bauer radelt durch Maisfelder nahe der Long-Bien-Brücke in Vietnam.*
RECHTS: *Der Hauptbahnhof von Hanoi.*

AUSTRALIEN NEUSEELAND

The Ghan

VON ADELAIDE NACH ALICE SPRINGS

Philip Game

Central Australia und Alice Springs liegen in unserem Denken wie auch geographisch im Herzen des trockensten Kontinents. Der erste Zug, der sich 1929 in Adelaide in Bewegung setzte, erreichte Alice Springs nach zwei Tagen. Er kündigte das Ende der legendären Abgeschiedenheit dieses Außenpostens der Zivilisation an. Jahrzehntelang war *The Ghan,* benannt nach den afghanischen Kameltreibern, die ihre Karawanen quer durch die Outbacks führten, eine ebenso lebenswichtige wie unsichere Linie. Nicht selten wurde die Schmalspurtrasse nach Regengüssen fortgespült oder von den Dünen der Simpson Desert verschüttet. Der alte *Ghan* überlebte bis 1980. Auf der heutigen Normalspurstrecke, die die private *Great Southern Railway (GSR)* 1997 von der *Australian National Railway* übernahm, spürt man nichts von den früheren Gefahren oder Unwägbarkeiten, zudem verlief die Originaltrasse 190 Kilometer weiter östlich. *Great Southern Railway* hat erst unlängst das Netz nach Süden und Osten erweitert und mit Sydney und Melbourne zwei Metropolen angebunden, in denen fast die Hälfte der australischen Bevölkerung lebt. Passagiere, die aus dem Osten anreisen, verbringen zunächst einen dreistündigen Aufenthalt in der Hauptstadt von South Australia, Adelaide.

24 kanariengelbe Stahlwaggons der GSR warten in Adelaide auf unternehmungslustige Reisende. Während sich die 500 Meter lange Wagenkette in Bewegung setzt, werden Tee und Kaffee serviert. An diesem Nachmittag im Oktober überziehen Weizen, Gerste, Raps und Sonnenblumen das sanfte Hügelland von South Australia. Wir rauschen durch kleine Ortschaften, die oft nur eine Straße durchläuft – Snowtown, Crystal Brook, Port Germein. Hinter den drohend emporragenden Schloten der Bleischmelze von Port Pirie kommt der Spencer Gulf in Sicht, ein aus dem Kontinent herausgerissener Zacken, in dem es von Weißfischen, Flundern – und Haien – nur so wimmelt.

Üppige Wiesen weichen Salzbüschen, während wir uns der Küste nähern. »Man schmeckt es sogar am Fleisch«, erklärt ein Mitreisender, der auf einer der hier ständig ums Überleben kämpfenden Farmen aufwuchs. Wir teilen das Lounge Car mit einigen Australiern, die sich auf ihre alten Tage verwöhnen las-

OBEN: *Während »The Ghan« sich seinen Weg durch die Gluthitze des roten Herzens Australiens nach Alice Springs bahnt, entspannen sich die Passagiere in den klimatisierten Wagen.*
RECHTS: *Historische Waggons des alten »Ghan« verrotten auf einem verlassenen Nebengleis. Dieser Zug verkehrte auf der stillgelegten Schmalspurstrecke der Central Australian Railway zwischen Alice Springs und der Südküste.*
VORHERGEHENDE SEITEN: *»The TranzAlpine« bei der Überquerung des Bealey River in Neuseeland.*

CR
CR
CR

LINKS: *In 20 Stunden bewältigt »The Ghan« mit einer HP-Diesellok NR Class 4000 die 1555 Kilometer von Adelaide nach Alice Springs.*
GEGENÜBER: *Ein Gemälde im Bahnhof von Port Augusta erinnert an die Pionierzeit der Eisenbahn.*

sen; manche wandeln auf eigenen Spuren aus Kriegszeiten, als sie strapaziöse Truppentransporte in primitiven Militärzügen durchmachten.

Gegen 18 Uhr erreichen wir Port Augusta, wo wir eine halbe Stunde Aufenthalt haben. Im Dämmerlicht erinnern das Ocker und Umbra des schönen Bahnhofsgebäudes von 1910 unweigerlich an das Outback, wie auch die Aborigines-Kinder, die versunken auf dem Vorplatz spielen. Lokale Künstler haben ein Stück Backsteinmauer in ein Wandgemälde verwandelt. Es stellt das Entladen der Kamelzüge, das Verlegen der Gleistrasse und die Heimkehr eines »Digger«, eines Soldaten, aus dem Ersten Weltkrieg dar.

Eine altmodische Bahnhofsbar serviert eisgekühltes australisches Bier, süße und pikante Blätterteigpasteten sowie die typischen *lamingtons,* mit Schokolade überzogene Biskuitstückchen. Die Welt des *caffè latte* und der *focaccia* in den Küstenstädten liegt unbestreitbar hinter uns. Zu den etwas gewagten Klängen von *»All Along the Watchtower«* in der Version von Jimi Hendrix setzt der Zug pünktlich seinen Weg fort. In den Speisewagen wird das Dreigänge-Menü aufgetragen, im Saloon herrscht Hochbetrieb.

Kaum haben wir das einsame Roadhouse bei Pimba passiert, wird es auch schon vom Meer der Finsternis verschluckt. In Sekunden fliegen die Lichter von Woomera vorbei, das eigens zur Versorgung eines europäischen Raketentestgeländes gebaut wurde. In Tarcoola schließlich wendet sich *The Ghan* von der *Transcontinental Line* nordwärts. Irgendwo da draußen liegt die ehemalige Weltraumbodenstation Nurrungar.

Die steinige Wüste des nördlichen South Australia, die noch trockener und dünner besiedelt ist als das rote Herz von Central Australia, war lange Zeit bevorzugtes Gebiet für Waffentests und andere streng geheime Aktivitäten – oft zum Leidwesen der Militärs selbst, aber auch der halbnomadischen Aborigines. Diese Mondlandschaft hält die meisten und kostbarsten Opale der Welt verborgen, herausgemeißelt von zähen Männern, die wegen der extremen Hitze und kalten Nächte in unterirdischen Wohnungen ein Stück östlich der Bahn leben – in Coober Pedy, nach dem Aborigine-Begriff *kupa piti* für »Loch des weißen Mannes in der Erde«.

Es wird 21 Uhr, bis wir endlich einen Platz zugewiesen bekommen. Der trockene Rotwein

DER ALTE »GHAN«

Wir schreiben das Jahr 1970. Der Triebwagen rumpelt in den Bahnhof von Alice Springs. Ein leidlich robustes australisches Modell, das mit Mühe die 1450 Kilometer Staubpiste überstanden hat: Gleisfurchen und ausgetrocknete Bachläufe auf der ungezähmten Strecke von der Küste nordwärts und die obligatorischen Abstecher zu dem schweigenden Felsen des Ayers Rock und der Olgas. Um die beschwerliche Rückreise zu beschleunigen, wird das geschundene Gefährt auf einen Güterwagen der alten *Central-Australian*-Schmalspurbahn gehievt. Währenddessen nimmt die fünfköpfige Familie auf den gepolsterten Ledersitzen eines Abteils Platz. Auf seinem Weg südwärts durch die Simpson-Wüste, einem weiten Gebiet mit roten Sanddünen, Salzseen und Kamelgras, kommt *The Ghan* rumpelnd in Finke, Oodnadatta und William Creek zum Stehen – kleine Nester, die es kaum auf eine dreistellige Einwohnerzahl bringen. In Maree steigen wir verschlafen aus, es ist vier Uhr morgens. Der Ort war Ausgangspunkt der legendären Birdsville- und Oodnadatta-Tracks, über die die Afghanen bis Ende des 19.Jahrhunderts ihre Kamelkarawanen in das Outback führten. Altehrwürdige Dattelpalmen sind sichtbare Zeugnisse jener Epoche – das stählerne Band quer durch die Wüste erinnert an ihren Gleichmut und ihre Zähigkeit.

auf Kosten des Hauses erstickt jedoch den aufkeimenden Unmut. Einer Kürbissuppe mit frischen Brötchen folgt wahlweise Hähnchenbrust oder blutiges Kängurusteak mit sautiertem Gemüse. In Brandy eingelegte Früchte oder Blaubeereis krönen letztlich unseren Gaumenschmaus, der die alten Tage ungenießbarer Eisenbahnkost vergessen lässt.

Als am nächsten Morgen der Rollladen hochschnappt, erfüllt eine heiße grelle Sonne das Abteil, vor dessen Tür gleich frischer Kaffee duftet. Staubige Straßen in feurigem Rot schneiden durch die Landschaft, die mit Igelgras, Akazien und den für das rote Herz typischen Casuarina-Bäumen bedeckt ist. Am östlichen Horizont zeichnet sich das purpurne Flechtwerk eines Gebirgszuges ab, wahrscheinlich die Rodinga Range. Diese felsigen Erhebungen sind so alt und abgetragen wie kaum andere auf diesem Planeten. Wir haben die unsichtbare Grenze zum Northern Territory bereits überquert und passieren auf der Höhe der 1167-Kilometer-Marke die seltsame Skulptur eines eisernen Mannes. Sie wurde von den Gleisbauern entworfen, um die Verlegung der millionsten Betonschwelle zu feiern. Sonnenkollektoren blinzeln an der Seite einsamer Fernmeldestationen.

Wassertümpel, wie sie nach starken Niederschlägen entstehen, erklären das riesige Meer von Wildblumen: purpurne Parakeelia, goldene Honiggrevillea und rosaroter Ampfer, wilder Hopfen, der möglicherweise aus den Satteltaschen der afghanischen Kameltreiber auf australischen Boden fiel. *The Ghan* rattert durch das weite, staubige Flussbett des Finke River, das sich in den vergangenen hundert Jahren ganze sechs Mal füllte. Wenn man dreimal den Todd River fließen gesehen hat, ist man ein Einheimischer – so sagt man in Alice Springs. Äußerst selten stört echtes Wasser die jährliche Sandregatta »Henley-on-Todd«, die als Parodie auf die altehrwürdige Regatta im englischen Henley-on-Thames begann und mittlerweile selbst zur schrulligen Kuriosität geworden ist.

Gegen 9.30 Uhr zeichnen sich in der Ferne die weißen Parabolantennen des US-Nachrichtendienstes von Pine Gap zwischen den Casuarinas ab. Was den meisten Australiern ein Rätsel, bedeutet für die Makler, Immobilienspekulanten und Geschäftsinhaber in Alice Springs ein lukratives Geschäft. Dank der geheimnistuerischen, aber reichen Nachbarn schäffeln sie jedes Jahr Millionen und Abermillionen. Seine Fahrt verlangsamend nähert sich *The Ghan* Heavitree Gap, einem Einschnitt in den MacDonnell Ranges und das südliche Portal von Alice Springs – »The Alice« . Im Schritttempo gleiten wir gemächlich durch rostrote Felsen mit weißen, kahlen Geisterbäumen. Wenige Minuten später erreicht der *Ghan* sein endgültiges Ziel. Weder der nichtssagende Bahnhof noch die gesichtslosen, unauffälligen Straßen dieser kompakten Stadt lassen vermuten, dass noch bis in die Fünfzigerjahre hier nur einige furchtlose Pioniere ihre Existenz fristeten.

Nach dem Mittagessen fahren wir aus der Stadt hinaus, um zu fotografieren, wie *The Ghan* auf seinem Weg zurück in den Süden erneut Heavitree Gap durchquert. Schnell nimmt der Zug Fahrt auf, passiert die schartigen Grate uralten Gesteins, rissig und bröckelnd wie Ruinen, und stiebt durch das rote Sandmeer der Dünen. Während den Passagieren eine vergleichsweise ereignislose Rückfahrt in das bewässerte Hügelland der Küste bevorsteht, wartet jenseits der Trasse unbarmherzig die ewige Wüste Australiens.

NR
30
NR30
INDIAN
PACIFIC

The Indian Pacific Railroad

VON SYDNEY NACH PERTH

Bruce Elder

Anderthalb Tage von Sydney entfernt erwachen wir in einer der bizarrsten und bezauberndsten Landschaften der Erde. Wir gehen nach vorn zum gut ausgestatteten und komfortablen Lounge Car des *Indian Pacific* und blicken durch die großen Fenster. Die Dämmerung wischt eine schwache pinkfarbene Glut über den Horizont. Endlich haben wir die riesige Nullarbor Plain erreicht – der Moment, auf den alle Passagiere gewartet haben. Die weite Ebene ist der eigentliche Grund für diese Reise: ein Gebiet, das viermal so groß ist wie Belgien (wie der Prospekt stolz erklärt), so flach wie eine Tischplatte, bar jeglichen Wassers und von Ost nach West mehr als 1000 Kilometer misst. Der Begriff »Nullarbor« stammt nicht aus einer Sprache der Aborigines, wie viele glauben, sondern leitet sich her vom lateinischen »nullus arbor«, »kein Baum« – zweifellos ein angemessener Name für diese Einöde, in der nur Buschwerk und niedrige, robuste Wüstengräser wachsen. Bäume? Kein einziger.

Doch ich will nicht vorgreifen. *The Indian Pacific* gehört wie die *Transsibirische Eisenbahn* (siehe Seite 88 ff.) zu den großen, transkontinentalen Eisenbahnabenteuern dieser Welt. Die Fahrt, die das Durchhaltevermögen eines jeden Reisenden auf die Probe stellt, ist eine echte Herausforderung. Es ist eine Unternehmung, auf die man wie auf eine ehrenvolle Auszeichnung stolz zurückblickt. Wer einen Fahrgast im *Indian Pacific* fragt, warum er den unbändigen Drang verspürt, die zweitgrößte Trockenwüste der Welt zu durchqueren, erhält die genauso trockene Antwort: »Weil sie nun mal da ist.«

Jeden Montag und Donnerstag um exakt 14.55 Uhr verlässt der Zug die Central Railway Station von Sydney, ein würdevolles Sandsteingebäude aus dem 19. Jahrhundert am südlichen Ende des Hauptgeschäftsviertels im Zentrum. Der Zug bietet drei verschiedene Klassen: Die *Coach Class* mit ihren aufrechten Flugzeugsitzen ist für Hartgesottene und Märtyrer reserviert. Die *Holiday Class* hat kleine, aber feine Kabinen mit bemerkenswert clever konstruierten Betten. Ungetrübten Genuss und Luxus garantiert die *First Class.* Im fürstlichen Fahrpreis enthalten sind sämtliche Mahlzeiten, die sich nach Qualität und Quantität wirklich sehen lassen können. Die vielseitige Speisekarte und der freundliche australische

---

OBEN: *Kalgoorlie ist bekannt für seine schönen alten Countryhotels wie das Federal Hotel mit seinen großzügigen Veranden und dem Charme des 19. Jahrhunderts.*

LINKS: *Die robuste Diesellok der NR Class stürmt durch das endlose Ödland der Nullarbor Plain. In 64 Stunden bewältigen die PS-starken Maschinen des »Indian Pacific« die 4352 Kilometer quer durch Australien.*

LINKS: *Der elegante Speisewagen des »Indian Pacific« verwöhnt mit einer exzellenten Küche. Durch die großzügigen Fenster können die Gäste während der Mahlzeit die Aussicht genießen.*

GEGENÜBER: *Die Eisenbahnstrecke durch die Nullarbor Plain von Port Augusta in South Australia nach Kalgoorlie in Western Australia wurde im Jahr 1917 fertig gestellt. Das Verlegen der Gleise durch die unwirtliche, wasserlose Wüste war mühsam und hindernisreich, doch sollte die Route schon bald ein bedeutender Abschnitt des Normalspurnetzes werden. Zu jener Zeit war diese Eisenbahn als »Trans Australian Railway« bekannt.*

Service des *Indian Pacific* steht einem großstädtischen Spitzenrestaurant in nichts nach. So viel zu den leiblichen Genüssen.

Nicht weniger wichtig sind die Reisegefährten. *The Indian Pacific* zieht Abenteurer aus aller Welt an. Das enge Miteinander über drei Tage hin schafft eine ideale Atmosphäre, um Erfahrungen auszutauschen und neue Freundschaften zu schließen. Der eigentliche Reiz dieser Reise liegt jedoch in der einzigartigen Landschaft – die großen Fenster gleichen einer Filmleinwand, auf der ein monumentales, 64-stündiges Naturschauspiel abläuft. Und so herrscht große Aufregung, als der Zug endlich durch Sydneys westliche Vorstädte rollt und das alte Zentrum bereits hinter uns liegt. Das Häusermeer breitet sich über ein ausgedehntes Becken, das auf der einen Seite vom Ozean, auf der anderen Seite von den Blue Montains flankiert wird. Seit dem Zweiten Weltkrieg hat sich die Stadt in alle Richtungen ausgedehnt und inzwischen die Größe von Los Angeles erreicht. Jenseits des Sydney Basin klettert der Zug in die Blue Mountains. Frühe europäische Siedler kämpften sich hier durch die tiefen Schluchten und spektakulären, verschachtelten Canyons. Der Zug folgt noch immer der historischen Route den Kamm entlang und eröffnet gelegentlich Blicke in die Schluchten. Während *The Indian Pacific* den 1092 Meter hohen Mount Victoria erklimmt, treten ehrwürdige alte Häuser ins Bild – Überbleibsel einer längst vergangenen Ära, als die »Sydneysiders« vor der Hitze und Feuchtigkeit des Sommers in die Berge flohen. Dann geht es im Zickzackkurs weiter in Richtung Lithgow. Hinter der Kohlestadt rückt die Nacht heran und nach einem exzellenten Mahl ziehen wir uns in die Abteile zurück. Die Betten

sind bequem, die Ausstattung mehr als ordentlich. Während uns das rhythmische Rattern in den Schlaf schaukelt, gibt ein Blick aus dem Fenster in die Dunkelheit nicht den leisesten Hinweis, was uns am nächsten Morgen erwarten könnte.

In einem Ost-West-Profil gleicht Australien einem riesigen, flachen Esstisch mit einem leicht verknitterten Tischtuch, das an den Rändern etwas hochgebauscht ist. Am östlichen Rand erhebt sich aus dem Pazifischen Ozean die Great Dividing Range, zu der die Blue Mountains gehören. Dieses »Große Scheidegebirge« fällt über mehrere Plateaus zu den weiten Ebenen des westlichen Tafellandes in New South Wales ab. Je weiter wir uns von der Küste entfernen, desto größer wird die Trockenheit. Irgendwo zwischen Parkes und Broken Hill ist das Land nahezu unfruchtbar, niedriges Salzbuschwerk und Igelgras soweit das Auge reicht. Der berühmte Autor Henry Lawson aus dem 19. Jahrhundert beschrieb diese Gegend einmal als »the great grey plain«, »die weite graue Ebene«. Auf dem eisenreichen und sandigen Wüstenboden kann das traurige graue Gestrüpp bei einer jährlichen Niederschlagsmenge von 200 Millimetern gerade so überleben.

Eine duftende Tasse Tee weckt uns am nächsten Morgen. Durch das Fenster bestaunen wir das wahre australische Outback, es ist der Beginn eines unvergesslichen Tages. Westlich von Broken Hill haben wir das flache, ausgedörrte Terrain von New South Wales hinter uns gelassen und die sanft geschwungenen, sattgrünen Hügel im Norden von Adelaide erreicht. Dieser landschaftliche Kontrast ist ein typisches Beispiel für den trügerischen Schein Australiens.

Angelockt vom fruchtbaren Grasland kamen im späten 19. Jahrhundert Tausende von Farmern. In der festen Überzeugung, auf ausgezeichnetem Weideland zu siedeln, errichteten sie solide Steinhäuser in der Gegend. Nicht einmal zehn Jahre später mussten sie wegen einer Dürre ihr Land wieder aufgeben. Geblieben sind die Ruinen ihrer stolzen Häuser, ewige Mahnmale der Rauheit und Unberechenbarkeit des australischen Hinterlandes. Nach einem Abstecher nach Adelaide – der eleganten Stadt der Kirchen – gleitet *The Indian Pacific* am Gulf Saint Vincent und Spencer Gulf entlang nordwärts. Im Osten sind die bläulichen Ausläufer der Flinders Ranges zu erkennen. An der äußersten Spitze des Golfs gelegen ist Port Augusta praktisch die letzte Bastion der Zivilisation, bevor uns die Reise westwärts in eine Wüstenlandschaft mit verkrusteten Salzseen führt.

Der nächste Tag beschert uns das ungeschminkte Erlebnis der Nullarbor Plain. Gegen Mittag halten wir in Cook, einer winzigen, 2436 Kilometer von Sydney entfernten Siedlung. »Siedlung« ist eigentlich übertrieben – Cook ist nicht mehr als eine Ansammlung weniger Hütten am Ende der Welt. Die Lokomotive wird voll getankt, wir steigen aus und trotten einen Sandweg entlang zu einem kleinen, einfachen Pub. Der Wirt und das Personal begrüßen uns mit freundlicher Ungezwungenheit, als wären einige Dutzend Leute, die plötzlich aus der Wüste gestapft kommen, um ein paar Bier und einen Snack zu bestellen, das Normalste von der Welt. Natürlich sind die viermal wöchentlich mit dem Zug eintreffenden Passagiere die Lebensader dieser Bar. Der Abend bricht an; gegen 22.30 Uhr erreichen wir die Bergbaustadt Kalgoorlie. Bis spät in die Nacht sitzen wir zusammen und plaudern angeregt über unsere Trans-Australia-Erfahrung. Am nächsten Morgen ist das Flachland der Nullarbor Plain sanften Wellen gewichen, statt Dürre nun goldgelbe Felder und Eukalyptushaine. Langsam nähern wir uns dem Land des Weizens und der Schafe östlich von Perth.

Das Ticket Sydney – Perth ist teuer und über weite Strecken durchfährt der Zug eine eintönige Landschaft. Warum also reisen Menschen mit dem *Indian Pacific*? Vielleicht, um die herbe Schönheit des weiten, kargen Landes zu genießen, das typisch für einen Großteil Australiens ist. Vielleicht, weil es nirgendwo sonst auf der Welt eine Strecke gibt, die über 478 Kilometer kerzengerade verläuft. Vielleicht auch nur, weil sie nun mal da ist …

Tranz Scenic
5419

The TranzAlpine

VON CHRISTCHURCH NACH GREYMOUTH

Susan Storm

Obwohl die Reise mit der *TranzAlpine Railway* nur über eine Strecke von 227 Kilometern führt, kaum länger als vier Stunden dauert und es nur abgepackte Sandwiches und Tee aus Polystyrolbechern gibt, erwartet die Passagiere ein transkontinentales Abenteuer. Die Fahrt durch traumhafte Landschaft zählt zu den großen Eisenbahnreisen dieser Welt. Bei einem Stopp drei Minuten hinter Christchurch teilte uns der Zugführer scherzhaft mit, dass uns soeben die Ehre der kürzesten Bahnreise der Welt zuteil wurde und wir nun aussteigen könnten. Glücklicherweise blieben wir.

Eine Fahrt mit dem *TranzAlpine* führt von Christchurch an der Pazifikküste der Südinsel Neuseelands durch die Southern Alps bis nach Greymouth an der Tasmansee. An nur einem Tag durchquert der Zug riesige, fruchtbare Ebenen, klettert durch komplexe Schluchtensysteme, windet sich durch Flusstäler und imposante Bergketten, passiert eine Reihe von Brücken und Tunnel, die Menschen mit Höhen- oder Platzangst auf eine harte Probe stellen. Am selben Tag fährt der *TranzAlpine* wieder zurück.

Die Southern Alps waren für die Maoris, die einheimische polynesische Bevölkerung, bekanntes Terrain. Sie nutzten die Pässe, um die vor allem spirituell bedeutsamen und kostbaren Jadesteine *pounamu* (Grünstein) von Arahura und Taramakau in Westland in das heutige Canterbury zu transportieren. Sie benutzten die Route Taramakau – Hurunui über den Harper Pass – eine auch bei europäischen Touristen beliebte Strecke nach Westland. Diese war am einfachsten zu begehen und führte in regelmäßigen Abständen an Seen vorbei, an denen die Maoris ihren Proviant ergänzen konnten.

In den Fünfzigerjahren des 19. Jahrhunderts erkundeten Siedler die Berge der Canterbury-Seite auf der Suche nach leicht zugänglichem Weideland für ihre Schafe. Um eine schnelle Verbindung zur Westküste zu finden, inspizierte der Landmesser Arthur Dobsen im Februar 1864 die Täler des Waimakariri River und des Bealey River und stieß dabei auf den Übergang, der heute seinen Namen trägt. Dabei verließ er sich auf Angaben, die die Maoris früheren Erkundungstrupps gegeben hatten. Dobsons Arbeit gewann an Bedeutung, als Bergarbeiter später Gold an der Westküste entdeckten und dringend eine Route brauchten, um ihre Schätze nach Canterbury zu bringen.

Während der bitterkalten Wintermonate des Jahres 1865 wurde im Eiltempo die Arthur's Pass Road gebaut, die sich allerdings als ungeeignet erwies für den Transport von Kohle und Holz, den Hauptwirt-

OBEN: *Fahrgäste unterhalten sich entspannt und erwartungsvoll an Bord des »TranzAlpine«.*

LINKS: *»The TranzAlpine« überquert den Waimakariri River, einen der großen Ströme der Provinz Canterbury.*

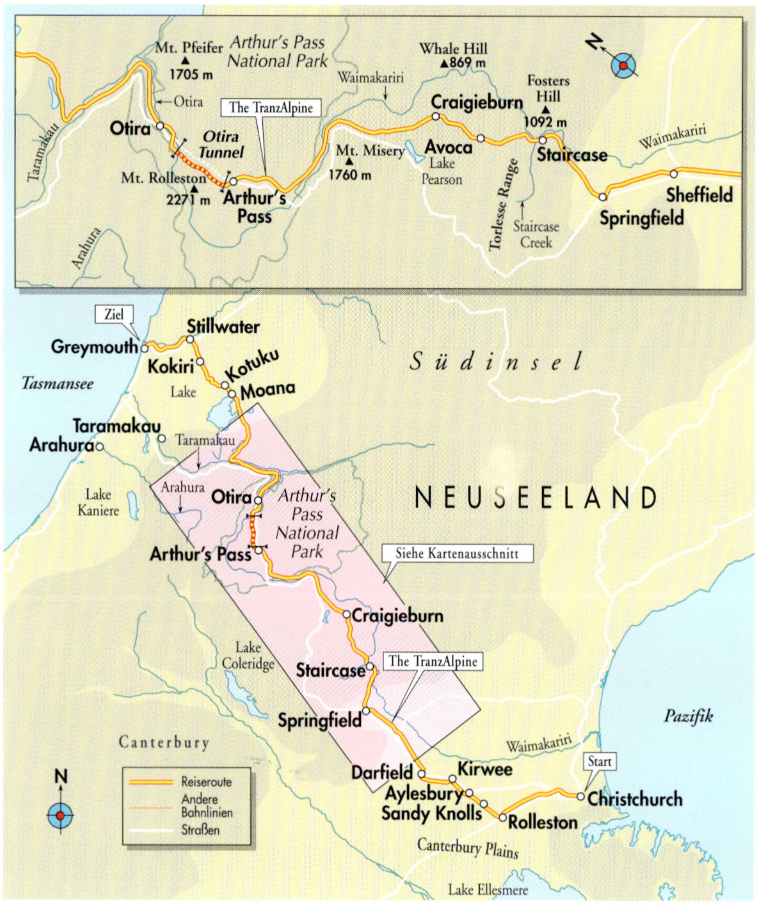

RECHTS: *»The TranzAlpine« rollt von Christchurch an der Ostküste der Südinsel quer durch die neuseeländischen Alpen bis nach Greymouth an der Westküste mit einem kurzen Halt im Arthur's Pass National Park mit seinen hohen Bergen, ausgedehnten Geröllfeldern, breiten Flüssen und schroffen Schluchten.*

schaftsgütern der Westküste. So nahm 1887 die private *New Zealand Midland Railway* eine Verbindung von Canterbury nach Westen in Angriff. Noch vor Fertigstellung der Strecke ging *Midland* Bankrott, woraufhin die Regierung als Bauherr einsprang. Die größte Hürde war der Otira Tunnel, dessen Konstruktion mehr als 16 Jahre in Anspruch nahm. Als die Eisenbahn 1923 endlich einsatzbereit war, entwickelte sie sich schnell zu einem beliebten Verkehrsmittel, das die Bewohner von Christchurch für Ausflüge zum Skifahren, Wandern oder Klettern in die Berge nutzten. Auch der 1995 eröffnete *TranzAlpine* steht in dieser Tradition.

Unterwegs sorgen die schrulligen Zugführer mit ihren lustigen Kommentaren und Kostproben der Geschichte und Lebensart für Unterhaltung. Häufig erzählt wird die Anekdote von Rosie, einer Colliehündin, die den Zug bei jeder Einfahrt in Springfield begrüßte und zur Belohnung ein Stückchen Kuchen erhielt. Bis zu ihrem Tod soll sie über 5000 verdrückt haben.

The TranzAlpine startet in Christchurch, das wegen seiner Architektur und seines Flairs oft als die »englischste« Stadt Neuseelands beschrieben wird. Pioniere legten einst das wilde Sumpfland trocken, um hier Häuser zu bauen. Wir passieren Fabriken, Depots, Wolllager und anderen Zeichen des landwirtschaftlichen Reichtums Neuseelands. Nur wenige Plätze in den luftigen Abteilen sind besetzt: einige erwartungsvolle Familien mit voll gestopften Picknickbehältern aus Styropor sowie eine bunte Schar von Touristen, die sich in ihre Parkas warm eingepackt haben. Geräuschlos zieht *The TranzAlpine* über die Schmalspurstrecke durch die wunderschönen Canterbury Plains, 1,2 Millionen Hektar intensiv kultiviertes, fruchtbares Land.

Hinter Springfield rücken die beeindruckenden Southern Alps ins Blickfeld. 185 ihrer Gipfel sind über 2133 Meter hoch, 16 davon erreichen sogar mehr als 3050 Meter. Der Zug umrundet die Torlesse Range und stößt vor in die Schlucht des eiskalten Waimakariri River, der eine lebenswichtige Ader der regionalen Wirtschaft darstellt.

Wer bislang selbstzufrieden aus dem Fenster auf die schöne vorbeiziehende Hügellandschaft geblickt hat, begibt sich spätestens jetzt zum offenen Aussichtswagen am Zugende. Dort drängen sich bereits die fröstelnden

Touristen und Hobbyfotografen, um die atemberaubende Landschaft auf ihren Bildern zu verewigen. Ein Blick hinab in die Schlucht kommt einer Achterbahnfahrt gleich. Wir passieren nicht weniger als 16 Tunnel, zahllose Brücken und fünf größere Viadukte – der höchste über den Staircase Creek misst 73 Meter. Das Open-Air-Spektakel ist jedoch nichts für einen schwachen Kreislauf, denn selbst im Sommer bläst hier ein eisiger Wind. Dennoch lohnt es sich, den Elementen zu trotzen, um aus der Vogelperspektive einen Blick auf die spektakuläre Bergwelt zu werfen. Die endlose Folge von steilen, schneebedeckten Hängen, zerklüfteten Abgründen, Böschungen aus felsigem Geröll und Rinnen entstand durch die Kollision zweier tektonischer Platten in einer der gewaltigsten geologischen Zerreißproben der Erde. Noch heute dauert die Gebirgsbildung an, jährlich wachsen die Berge um 2,5 Zentimeter in die Höhe.

Der Zug fährt wenig später in Arthur's Pass ein, einer kleinen Feriensiedlung in dem 1929 eingerichteten gleichnamigen Nationalpark (94 422 Hektar) im Herzen der Southern Alps. Durch seine Lage am Fuß gigantischer Schneeberge ist es idealer Ausgangspunkt für Wanderungen – ob durch Buchenwälder im Osten oder das Dickicht des Regenwaldes mit einer überaus vielfältigen Flora und Fauna. Die höchsten Berge faszinieren durch ihre Gletscherkuppen und Wiesen mit blühenden Kräutern und alpinen Gräsern. Hinter Arthur's Pass durchfährt der Zug den 8,5 Kilometer langen Otira Tunnel, dessen Bau 1907 begann und erst 1923 vollendet wurde. Durch ihn wurden endlich die berühmten *»Cobb & Co«*-Pferdekutschen entbehrlich. Die Steigung von 1:33 erfordert zusätzliche elektrische Energie, um den Zug den steilen Abschnitt hinaufzuziehen.

Dann überquert der Zug reißende Flüsse, schlängelt sich durch Wälder, vorbei an sporadischen Zeugnissen aus der Zeit des Goldrausches und am Lake Brunner entlang. Schließlich folgt er dem Lauf des Grey River nach Greymouth, der größten Stadt an der Westküste. Hier endet die Reise über das Rückgrat von Neuseelands Südinsel, die nicht länger gedauert hat als die Lektüre der Sonntagszeitung. Nicht schlecht für einen vormittäglichen Ausflug, der sogar genug Zeit lässt für die Rückfahrt nach Christchurch.

AFRIKA

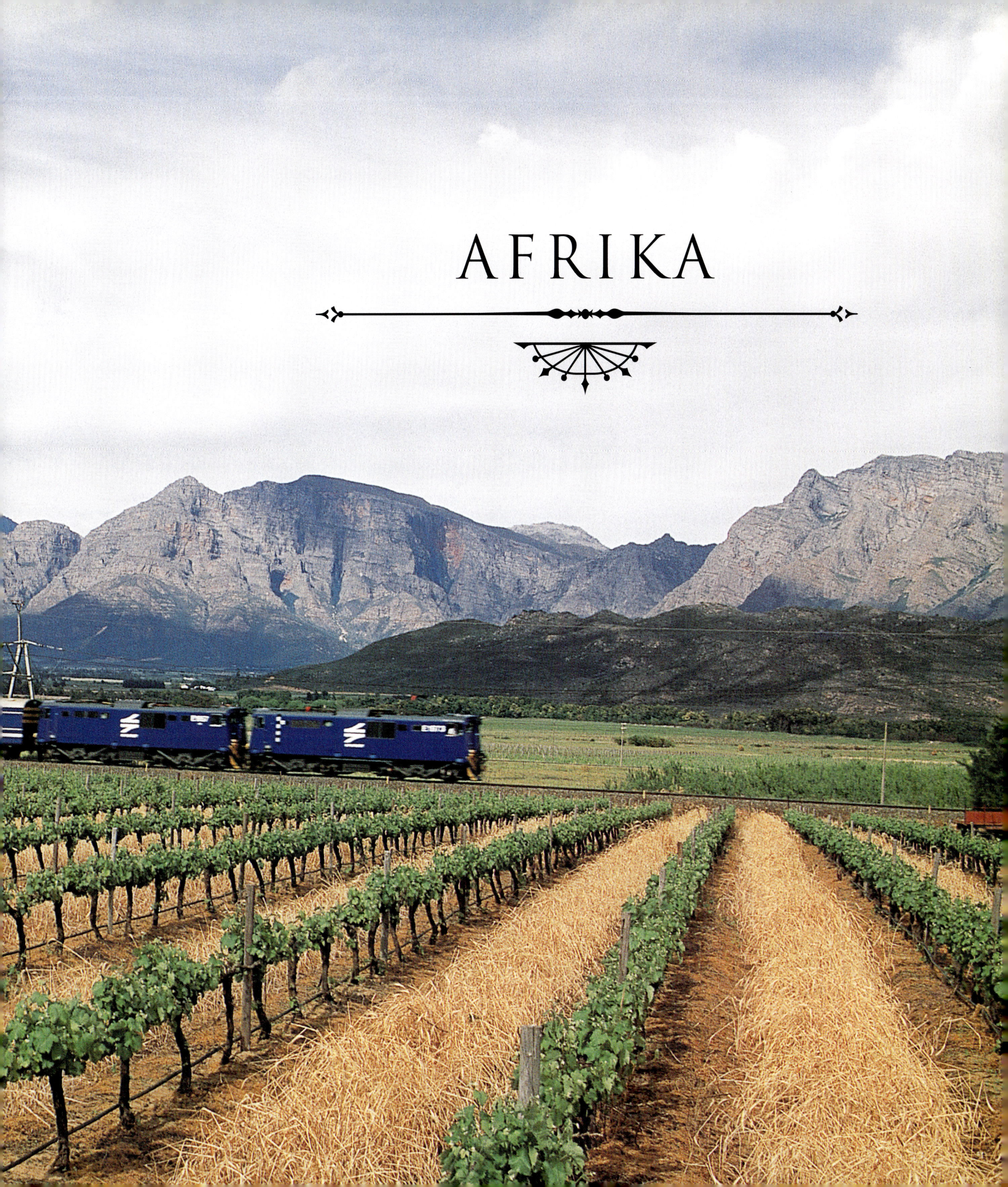

The Blue Train

VON PRETORIA NACH KAPSTADT

Susan Storm

The Blue Train, die Quintessenz des Eisenbahnreisens in Südafrika, gilt als Primus inter Pares unter den Luxuszügen der Welt. Nach einem radikalen »Lifting«, das selbst seine Designer verblüfft nach Luft schnappen ließ, brach das rollende Fest der Sinne 1997 zu seiner Jungfernfahrt auf. Die Pailletten hatten Großeinsatz, so auch Filmstars und Politiker. Der Zug im neuen Look wurde damals von Südafrikas Präsident Nelson Mandela in Pretoria Station eingeweiht. Gesellschaft leisteten ihm bei dem Fest auf der nächtlichen Fahrt nach Kapstadt Erzbischof Desmond Tutu, die Schauspielerin Mia Farrow, der Jazz-Musiker Quincy Jones mit seinem Biografen James McBride, der Politiker Imran Khan und seine Frau Jemima, Topmodel Naomi Campbell, Hongkong-Filmstar Tony Leong, Mandelas spätere Frau Graça Machel sowie eine Schar internationaler Medienvertreter. Zwischen den Reden und Tanzeinlagen swingte eine enthemmte Menge zu den quirligen Rhythmen des *Soweto String Quartet.* Als sich *The Blue Train* in echter Manier eines Luxuszuges um exakt 22 Uhr in Bewegung setzte, stimmten Tausende patriotischer Kehlen auf dem Bahnsteig ein hymnisches Lied an.

Während der Fahrt von »Jacaranda City«, Pretoria, durch die Wüste und Berge bis zu den glanzvollen Stränden Kapstadts, schwelgten die Partygänger in zügellosem Luxus, schlemmten Wild und Hummer von mit Monogramm verzierten Tellern, tranken aus Kristallkelchen den feinsten Rebensaft Südafrikas, tupften ihre Lippen mit edlen Stoffservietten und ließen sich wie Monarchen verwöhnen. Keine Millisekunde Schlaf wurde in den geräumigen Betten unter feinstem ägyptischem Tuch gestört. Als der Zug 25 Stunden später in Kapstadt einfuhr, strahlte Nelson Mandela: »Es war ein wundervolles Erlebnis … und ganz besonders hat mich gefreut, dass unsere verehrten Freunde aus dem Ausland einen persönlichen Eindruck nicht nur von der Schönheit unseres Landes gewonnen haben, sondern auch von der Vielzahl der wunderbaren Menschen, die mit angepackt haben, diese Nation zu erneuern.«

Die Kultur des Eisenbahnfahrens hat sich seit jener Zeit enorm entwickelt, als noch Hitze, Staub, Insekten, ungenießbares Essen und dubiose Gestalten die Reise häufig zum Überlebenstraining entarten

OBEN: *Weder Kosten noch Mühen wurden für das Flaggschiff der afrikanischen Eisenbahnen gescheut. Damast, Seide, Kristall, erlesene Speisen und Weine sowie geräumige Abteile garantieren eine Fahrt der Luxusklasse.*
RECHTS: *»The Blue Train« zieht durch die Weinfelder in der Nähe des Hex River Valley in der südafrikanischen Provinz West Cape. Für die 1600 Kilometer lange Reise von Pretoria nach Kapstadt benötigt er zwei Tage.*
VORHERGEHENDE SEITEN: *Auch nahe Kapstadt säumen Weinfelder den Weg des »Blue Train«.*

ließen und die Entdeckungslust trübten. Doch wenn die Zugfahrt grandiose Landschaften wie auf einer Kinoleinwand präsentiert, die Gästeliste sich wie ein internationales Who's who liest und der Butler dem Fahrgast das Schaumbad persönlich einlässt, seine Abendgarderobe bügelt und dem Korken aus der Champagnerflasche hilft – dann ist ein bisschen Wirbel durchaus gerechtfertigt. Und das zeigte bereits Wirkung: 1998 wurde *The Blue Train* mit einem World Travel Award ausgezeichnet.

Entlang der Routen des heutigen *Blue Train* zogen Mitte des 19. Jahrhunderts die Pioniere zu den Gold- und Diamantenfeldern Südafrikas. Nach der Entdeckung der kostbaren Ressourcen bei Kimberley um 1880 florierte der Bau von Fuhrwerken, denn Reisende, die zu den Fundstellen wollten, mussten für den letzten unwegsamen Abschnitt zum »Big Hole« vom Zug auf Pferdekarren umsteigen. Jahre später entschloss man sich, die Bahn von Wellington nach Kimberley zu verlängern. Der Farmer, durch dessen Land die Linie führte, willigte nur unter der Bedingung ein, dass die Züge auch in Wellington hielten. *The Blue Train* folgt noch heute dieser Tradition!

In den 1920er-Jahren wurde der Reisekomfort durch Heizung, fließendes kaltes und warmes Wasser, Bettenleuchten und Klingeln für das Personal wesentlich verbessert. Später kamen Duschen und Waschräume hinzu, Ventilatoren und Beleuchtung, eichengetäfelte Speisewagen, Raucherabteile und Spielsalons – ein Luxus, von dem das einfache Volk nur träumen konnte. Die Waggons in ihrem unverwechselbaren Azurblau, Elfenbein und Silber hießen im Volksmund schon bald »die blauen Züge«.

Inbegriff des Luxus – und Fortbewegungsmittel der Bergbauimperialisten schlechthin –, war *The Blue Train* die erste schnelle Verbindung zwischen den Postdampfern in Kapstadt und dem 1600 Kilometer entfernten industriellen und wirtschaftlichen Zentrum des Landes. Als die stählerne, blaue Pracht dem Fortschritt Tribut zollen musste, löste Elektrizität den Dampf ab. Immer mehr Menschen reisten aus reinem Vergnügen mit dem *Blue Train*. Über die Jahrzehnte folgten weitere Verjüngungskuren. Die jüngste brachte die Legende auf den neuesten technischen Stand – und stylte sie nach den ultimativen Finessen des Interiordesigns.

Die geräumigen Kabinen verfügen über ein Marmorbad mit Badewanne oder Dusche. Telefon, Fernseher, CD-Player und Videogerät lassen ein

OBEN: *Nelson Mandela und Graça Machel amüsieren sich über einen Lapsus des Präsidenten anlässlich der Einweihung des neuen »Blue Train« in Kapstadt. Mandela hatte gerade Fragen zu Terrorismus und Tourismus pariert, als er sagte: »Der Zug wird von großer Bedeutung sein für Südafrikas Terrorismus – äh, Tourismus!«*

Gefühl der Einsamkeit nicht aufkommen. Auf Video sind auch kurze dokumentarische Beiträge über die Gegenden zu sehen, durch die die Reiseroute führt. Der sehr englisch anmutende Club-Wagen ist der ideale Ort für einen Kaffee oder After-Dinner-Drink. Eine große Leinwand zeigt Außenbilder aus der Perspektive des Lokführers, die von einer Kamera auf dem Dach der Lokomotive übertragen werden.

Doch auch ohne Luxus und modernste Technik bietet die Fahrt von Pretoria nach Kapstadt viel Stoff für Erzählungen. Die Reise von einer hoch industrialisierten Stadt durch karges Wüstenland und kleine Ortschaften, über Gebirgsketten, an Flüssen entlang, durch saftiges Weideland bis zur Atlantikküste ist ein Kaleidoskop sozialer und landschaftlicher Eindrücke.

Der Zug gleitet sanft in Richtung Johannesburg und seine Minenschächte und Abraumhalden. Während kleine Kinder kreischend neben dem Zug herlaufen, servieren die Köche in ihren blank geputzten Küchen geräucherten Marlin aus dem Indischen Ozean, *Cape Seafood* (eine Meeresfrüchteplatte mit Flusskrebsen und Tintenfisch), Rehrücken und südafrikanischen Käse – ein Festschmaus, der auch dem verwöhnten Gaumen schmeichelt. Am Nachmittag hält der Zug in Kimberley, dem ehemaligen Zentrum des südafrikanischen Diamantenfiebers. Hier gründete einst Cecil John Rhodes die »De Beers Consolidated Mines«, die weltweit größten Diamantenminen. Danach geht die Landschaft in die beeindruckende Halbwüste der Karoo über, wo Strauße in langen Sätzen durch den Staub wirbeln, die Sonnenuntergänge den Himmel in überwältigende Farben tauchen und urzeitliche Fossilien daran erinnern, dass dies einmal Sumpfland war. Olive Schreiner war bei ihrem durch und durch südafrikanischen Roman *»Story of an African Farm«* (»Die Geschichte einer afrikanischen Farm«) von dieser Landschaft inspiriert. Es ist eine wahre Wohltat, sich die Beine in Matjiesfontein zu vertreten, einem historischen Städtchen in der Karoo. Früher nahmen die Züge hier Wasser und Proviant auf. Erstes Haus am Platz ist ein wuchtiges Hotel mit Giebeldach. Es gibt auch einen Teeladen in Matjiesfontein, doch geht nichts über den *High Tea* im Lounge Car.

The Blue Train verlässt die ausgetrocknete Karoo durch das Tunnelsystem des Hex River, das mit 16 Kilometern weltweit viertlängste seiner Art. Anschließend durchfährt der Zug das fruchtbare Hex River Valley, ein üppig blühendes Tal mit Weinfeldern vor der majestätischen Kulisse des Matroosberg. In dieser Gegend wird fast ein Viertel des südafrikanischen Weins produziert. Wenn sich die Barlinka-Reben im Herbst tief rot färben, scheint das ganze Land in Flammen zu stehen. Der Hex River ist berühmt für eine der romantischsten und zugleich traurigsten Legenden Südafrikas: Eliza Meiring, ein hübsches junges Mädchen, verlor im Jahre 1768 den Verstand, nachdem ihr Geliebter in den Bergen in den Tod stürzte.

Nach einem kurzen Stopp in Worcester fährt der Zug in das winzige Wellington, wo er der Tradition folgend hält. Anschließend durchquert er die von Holländern und Hugenotten im späten 17. Jahrhundert gegründeten Weinanbaugebiete Stellenbosch und Paarl. Nur 50 Kilometer vom pulsierenden Kapstadt entfernt spenden friedliche Alleen alter Eichen schneeweißen holländischen Giebelhäusern Schatten in der brennenden Sonne.

Unsere Reise endet in Kapstadt am Fuß des Tafelbergs. Die faszinierende Stadt wurde vor 350 Jahren von den Holländern gegründet, um Schiffen auf dem Gewürzweg Gelegenheit zur Proviantaufnahme zu geben. Die Anziehungskraft Kapstadts liegt in der überwältigenden Schönheit seiner Klippen, Strände und Berge sowie der lebendigen, kosmopolitischen Atmosphäre, den Restaurants und der florierenden Kunstszene. All dies sichert der Stadt das ganze Jahr über ein einträgliches Tourismusgeschäft. Kapstadt verdient es sogar, aus dem luxuriösesten Zug der Welt auszusteigen.

OBEN: *Die elegante Inneneinrichtung des Club-Wagens erinnert an den Stil englischer Gentleman's Clubs und ist der ideale Ort für einen After-Dinner-Drink.*

BRENDA
ROVOS
RVR
RAIL
№
2701

The Pride of Africa

VON KAPSTADT NACH DARESSALAM

Gary Buchanan

An den Fuß des markanten Tafelbergs geschmiegt, zählt Kapstadt zu den schönstgelegenen Städten der Welt – keine wuchernde Metropole, sondern ein kompaktes urbanes Gebilde aus modernen Bürotürmen und ziegelgedeckten Wohnhäusern, das sich bis an den Rand des Ozeans erstreckt, dessen donnernde Brandung in dem natürlichen Amphitheater des Tafelbergs widerhallt. Der moderne Flachdachbau des Bahnhofs von Kapstadt scheint nicht gerade maßgeschneidert für den Beginn einer der faszinierendsten Eisenbahnreisen der Welt. An Bahnsteig eins steht schließlich kein gewöhnlicher Zug, sondern *The Pride of Africa,* »der Stolz Afrikas«, der in seiner strahlenden, flaschengrünen und elfenbeinfarbenen Livree die Aura eines einzigartigen Erlebnisses verströmt.

Mit röhrendem Tuten und entschlossenem Pfeifen gleitet der 17 Wagen lange Zug aus dem Bahnhof. Langsam manövrieren die E-Loks durch das wirre Netzwerk der Gleise und Weichen in den Vororten von Kapstadt, bis sich der Tafelberg schließlich in der Ferne verliert und sich das Hinterland vor uns ausbreitet. In der Weinregion Paarl und im Hex River Valley wachsen knorrige Rebstöcke zu Füßen kantiger Berge. Auf ausgedehnten Landgütern ducken sich einfache Farmhäuser, deren weiße, von Zypressen beschirmte Portale am Ende der zerfurchten Zufahrtswege wachen. Hier und da trippeln Perlhühner zwischen gleichgültigen Schafen und Pferden umher.

Spätnachmittags erreichen wir Matjiesfontein und statten dem historischen Weiler einen Besuch ab. Hier errichtete der junge Schotte Jimmy Logan vor mehr als einhundert Jahren ein kleines Hotel, um die hungrigen und durstigen Reisenden der *Cape Government Railways* zu verköstigen. Das gepflegte, nach Lord Milner benannte Haus bietet eine gute Gelegenheit, bei einem frisch gezapften *Castle Beer* die Abendluft zu genießen. Als ich zum Zug zurückkehre, verabschiedet sich die Sonne mit einem glutroten Feuerwerk am Horizont. Im berauschenden Dämmerschein der Wüste leuchtet die sonst graue Weite der Karoo scharlachrot. Bequem zurückgelehnt im Aussichtswagen, einen sonnengeadelten Pinotage im Kristallglas, verfolge ich, wie der Zug langsam in der anbrechenden Nacht verschwindet. Der Winter hat den afrikanischen Busch fest im Griff. Wenig später lasse ich mich in eine Heizdecke gehüllt, die Klimaanlage auf »warm« gestellt, vom hypnotisierenden Rhythmus der Räder in den Schlaf wiegen.

OBEN: *Nr. 2702 »Bianca« – benannt nach einer von Rohan Vos' Töchtern – verlangt Fingerspitzengefühl.*
LINKS: *Das 50 Jahre alte Arbeitstier Nr. 2701 »Brenda« – eine mächtige Dampflok der Klasse 19D – wurde von Dunns Locomotive in Witbank restauriert. Heute trägt sie stolz das Wappen von Rovos Rail.*

Am folgenden Tag läuft der Zug in den schönen viktorianischen Bahnhof von Kimberley ein. Die Diamantenstadt liegt inmitten der flachen, schmucklosen Landschaft der Karoo. Die Geschichte lebt wieder auf, als ich zum Mittagessen den Kimberley Club betrete, der wehmütig den Geist der Kolonialherren Rhodes, Milner und Jamieson atmet – Politiker und Minenmagnaten, die in diesem Gemäuer so manches Geschäft abwickelten. Der Höhepunkt unseres Besuchs ist die Besichtigung des weltweit größten, von Menschen geschaffenen Lochs. »The Big Hole«, wie es treffend genannt wird, beförderte bis zum Ende der Arbeiten im Jahr 1914 insgesamt 14,5 Millionen Karat in Diamanten ans Tageslicht.

In der stolzen Tradition herausragender Unternehmer wie Cecil John Rhodes hat Rohan Vos eines der romantischsten Reiseabenteuer Afrikas geschaffen. Der *Pride of Africa* setzt Maßstäbe und zählt zur Elite aller bedeutenden Eisenbahnlegenden. Jeder Schlaf-, Aussichts-, Salon- und Speisewagen verbindet die Opulenz der Vorkriegsjahre mit dem Komfort moderner Technik. Die De-luxe-Suiten verfügen über eigene Duschen und Toiletten, die geräumigen Royal-Suiten über großzügige Lounges und Badewanne.

Zurück im Zug. Manschetten und Pailletten mischen sich mit Smokings und Smaragden, als die Gäste zum Dinner erscheinen. Auf den Salat mit frischen Flusskrebsen folgt Karoo-Lammrücken; eine große Auswahl aus Südafrikas feinsten Semillions und Sauvignons, Chardonnays und Cabernets rundet die Gourmetgenüsse ab. Während sich die Passagiere in dem behaglichen Speisewagen mit seinen elegant geschnitzten, hölzernen Deckenstützen und Bögen vergnügen, gleitet hinter den pinkfarbenen Vorhängen unbeachtet die Landschaft vorbei.

Die Sonne vergoldet bereits die Maisfelder, als am nächsten Morgen die Townships von Soweto in Sicht kommen. Wenig später rollt der Zug in die Kempton Park Station von Johannesburg ein, wo wir den E-Loks Lebewohl sagen. Zwei mächtige Dampfloks der Klasse 19D von 1939 treten ihren Dienst an. Die nach zwei Töchtern von Rohan Vos benannten Dampfloks »Bianca« und »Brenda« keuchen aus dem Bahnhof am Rande der Stadt und hüllen die zurückbleibenden Pendler in einen dunstigen Schleier.

Nach einer Besichtigungstour durch Südafrikas Verwaltungshauptstadt Pretoria geht es ostwärts durch Plantagen von Orangen, Papayas und Avocados, vorbei an Betonsiedlungen, wo Kinder winkend an den Gleisen entlanglaufen. Der Aussichtswagen füllt sich, als erste Impalas, Kudus und Zebras gesichtet werden und einen Vorgeschmack auf eine unvergessliche Begegnung mit Afrika geben. Mit fast 20 000 Quadratkilometern hat das Wildreservat des Krüger-Nationalparks die Fläche eines kleinen Landes. Vorgesehen ist die Übernachtung in einem der vornehmen Privatdomizile an der Westflanke des Parks. Wir brechen auf in die abendliche Landschaft, wo das sanfte Zwielicht des Buschs ein grandioses afrikanisches Naturbild malt: einsame Giraffe vor feuerrotem Himmel.

OBEN LINKS: *»Modder«, Aussichtswagen Nummer 226, war der Erstling von Rovos Rail und ist ein erstklassiges Podium, um die Erhabenheit Afrikas zu erleben.*
OBEN RECHTS: *Der aus den 1920er-Jahren stammende Speisewagen »Shangani« wurde 1986 auf einem Abstellgleis in Natalspruit gefunden. Nach einer liebevollen Restaurierung ist er auf den Schienenstrang zurückgekehrt.*

Nach dem verwegenen Rhythmus der Wildnis ist die unterkühlte Eleganz des Zuges, den wir Tags darauf wieder besteigen, beinahe eine Ernüchterung. Als wir bei Beitbridge nach Zimbabwe einreisen, versinkt die Sonne gerade friedlich hinter bizarren Affenbrotbäumen. Eine Gischtwolke zeichnet sich am nächsten Morgen in der Ferne über den Victoria Falls ab, die die alten Stämme *Musi-oa-tunya,* »donnernder Rauch« nannten. Das Kreischen der Räder in der letzten Kurve vor der Einfahrt nach Victoria Falls Station unterstreicht die Dramatik der Ereignisse. Das würdevolle Gebäude im Kolonialstil und das imposante Hotel neben dem Bahnhof sind Relikte einer längst vergangenen Zeit. Livriertes Hotelpersonal in weißen Anzügen mit roter Bauchbinde eskortieren mich von dem Schmuckstück aus der Zeit King Edwards direkt in das nächste himmlische Paradies. Über den makellos manikürten Hotelrasen hinweg fällt der Blick auf den Sambesi, der kilometerbreit in den Abgrund stürzt. Es ist Zeit für eine Verschnaufpause, um das Feuerwerk der Eindrücke in sich aufzunehmen.

Doch dieses panafrikanische Abenteuer hält noch gewaltigere Höhepunkte bereit. Schon am nächsten Tag führt die Reise über die spektakuläre Sambesi-Eisenbrücke auf die Spuren von David Livingstone. Die Stimmung ist gut. Die Sonne, die durch das Fenster meiner Suite dringt, lässt das dunkle Rotbraun der Mahagoni-Vertäfelung noch kräftiger leuchten.

Eine Reise in noch unbekanntes Gebiet scheint für Heimatgefühle keinen Platz zu bieten. Und doch ist *The Pride of Africa* in nur wenigen Tagen zu unserem Zuhause geworden. Das Doppelbett scheint plötzlich noch komfortabler, die dicke seidene Tagesdecke noch einladender und die weichen Polster wirken noch üppiger. Auf dem kleinen Sekretär lassen frische Blumen und Obst das polierte Holz noch kostbarer aussehen. Zwei Drucke mit Darstellungen des südafrikanischen Lebens der 1930er-Jahre verströmen folkloristisches Kolorit, die Dusche wurde mit neuen Seifenartikeln bestückt und im Kühlschrank steht wieder mein Lieblingstropfen.

Der Zug verlangsamt seine Fahrt. Im Aussichtswagen wird fieberhaft gestikuliert, Objektivverschlüsse schnappen, Kameras klicken. Als wir alle in Ehrfurcht erstarrt auf die Victoria Bridge über den Sambesi blicken, herrscht für einen Moment wieder vollkommene Stille. Diese für Rhodes' Traum einer Eisenbahn vom Kap nach Kairo so wichtige Verbindung wurde 1905 eröffnet. Ein Blick aus dem Aussichtswagen am Zugende weckt in mir das Gefühl, über einen der mächtigsten Flüsse Afrikas zu schweben.

Unsere Ankunft in Sambia verrät das verlangsamte Tempo – Konsequenz aus mangelnder Instandhaltung des Gleisbetts. Durch Südafrika und Zimbabwe war die Fahrt über die 3,5-Fuß-Spur (1,06 Meter) erstaunlich ruhig verlaufen. Doch nun schlingern, ruckeln und zuckeln wir durch die Landschaft in Richtung unseres Endziels: Daressalam in Tansania.

In der früheren Hauptstadt Livingstone verlassen die örtlichen Zollbeamten den Zug, nachdem sie im Aussichtswagen die Gastfreundschaft von Rohan Vos genossen haben. Der geschäftstüchtige Unternehmer hat sich einige hilfreiche Praktiken zu Eigen gemacht, seit er begann, seinen Zug

OBEN: *Eines der sieben Naturwunder der Welt: Die Victoria Falls an der Grenze zwischen Zimbabwe und Sambia wurden 1855 von David Livingstone entdeckt. Die Brücke über die Schlucht wurde 1905 fertig gestellt.*

über Landesgrenzen zu schicken. Ein paar Flaschen alten Cognacs genügten, um die Mühlen der Bürokratie zu ölen und farbenprächtige Visa in unseren Pässen leuchten zu sehen. Nach Erledigen der Formalitäten ging es weiter hinauf zum Batoka Plateau. Die Monotonie der Landschaft wird nur durch vereinzelte Salbeibüsche und Akazien durchbrochen, die wie Skelette auf der ockerfarbenen Erde ragen.

Der gewandte Service im Speisewagen ist einer etwas schwankenderen und beherzteren Behandlung von Speisen und Getränken gewichen. Die Kellner und Kellnerinnen hadern unübersehbar mit den sprunghaften sambischen Gleisen. Suppen sind von der Speisekarte verschwunden und immer weniger Gäste beschließen ihr Mahl mit einem Kaffee. Auch mein komfortables Bett nimmt plötzlich schlechte Gewohnheiten an, quietscht und ächzt, während die Reise immer mehr einer Achterbahnfahrt gleicht.

Am nächsten Morgen öffne ich die Rollos – dank einiger wirkungsvoller Gleisschläge früher als sonst. Vor mir erstreckt sich eine endlose ockerfarbene Steppe, die ab und zu von einer Gruppe wackeliger Lehmhütten durchbrochen wird. Die schwerfälligen, rumpelnden Räder wirbeln beständig Staub in den diesigen Sonnenaufgang.

Nach dem Frühstück erinnere ich mich an einen Satz von Paul Theroux: »Ich suchte Züge und fand Reisende.« Inzwischen ist diese fröhliche Runde von 62 Mitreisenden zu einer eingeschworenen Gemeinschaft geworden. Zugmanager Peter Winterbottom erweist sich auf dem gesellschaftlichen Parkett als ebenso versiert wie bei der Leitung dieses rollenden Hotels. Wir nennen uns alle beim Vornamen und die Kontakte sind mindestens so abwechslungsreich wie die Landschaft. Einmal unterhalte ich mich im Aussichtswagen mit Ramel und Claudia aus Melbourne, ein anders Mal esse ich mit Michael und Jocelyn aus dem kalifornischen Beverly Hills zu Mittag.

Eines Abends habe ich das Vergnügen, mit Rohan und Anthea Vos zu speisen. Fasziniert lausche ich der Entstehungsgeschichte des *Pride of Africa.* 1985 besuchte Vos eine Auktion der *Railway Preservation Society* in Witbank östlich von Johannesburg. Er wollte ein oder zwei alte Waggons ersteigern, restaurieren und an die Züge der *South African Railway* hängen. Vos erwarb

OBEN: *Eine Folge enger Kurven führt hinab in die Mpumalanga-Steppe. Die doppelte Dampflokbespannung ist eine Freude für jeden Eisenbahnliebhaber.*

mehrere Großraumwagen, die auf dem Werksgelände der Gesellschaft aufgearbeitet wurden. Die Schwierigkeiten die ihm vonseiten der südafrikanischen Behörden entgegenschlugen, überzeugten den charismatischen Mittfünfziger schnell, dass er eine eigene Maschine brauchte. Im Dezember 1986 fand er auf einem Schrottplatz eine Dampflokomotive der Klasse 19D. Die 1938 gebaute Lok wurde bei *Dunn's Locomotive* in Witbank restauriert. Schließlich wurde Vos die Konzession für den Betrieb seines Zuges erteilt und zusätzlich die Lizenz für den bezahlten Personenverkehr gewährt. In diesem Moment kam ihm die Idee, einen historischen Zug als Unternehmen zu betreiben.

Als die Behörden »Springbok Steam Safaris« als Namen ablehnten, wurde der Zug schlicht »Rovos Rail« getauft. Bewaffnet mit einer Historie über Speisewagen der *South African Railway* machte sich Vos auf die Suche nach geeigneten Waggons. Schnell fündig wurde er im *Jewish Guild Country Club* in Johannesburg, wo drei demolierte, rostige Speisewagen herumstanden. Sie wurden nach Witbank geschleppt und rundum erneuert. Später kaufte er »Pafuri«, Wagen Nr. 148, der 1911 als Speisewagen vom Typ A-17 gebaut wurde. Der gesamte *Rovos Rail Park* umfasst heute fast 70 Waggons, verteilt auf drei Züge. Die 1993 eingeführte, zwölftägige »Edwardian Safari« bildet den alljährlichen Höhepunkt im Fahrplan von *Rovos Rail*.

An diesem Nachmittag geht die Reise nach einem kurzen Halt in Lusaka weiter nordwärts in Richtung der beiden getrennt liegenden Bahnhöfe von Kapiri Mposhi. Eines der Gebäude steht leer und verspottet schweigend Rhodes' hochtrabende Ambitionen einer Linie vom Kap nach Kairo, die im Jahre 1908 hier endeten. Der 1975 von den Chinesen erbaute neue Bahnhof steht standhaft und sauber daneben, ein Symbol für die »brüderliche Solidarität« des kommunistischen China mit dem postkolonialen Afrika. Es bleibt eine Ironie des Schicksals, dass der Traum der britischen Imperialisten von einer Eisenbahnlinie über den ganzen afrikanischen Kontinent sich um 1800 Kilometer von Kapiri Mposhi nach Daressalam noch weiter ausdehnte – aber erst nachdem die Kolonialherrschaft vorüber war.

Von der Plattform des Aussichtswagens aus beobachte ich, wie sich die einspurige Gleistrasse der TANZAM-Eisenbahn im Dunst verliert. Webervögel schnellen zwischen dornigen Bäumen umher, in deren Schatten Ziegen meckern; Kinder brüllen, während sie vor Hütten aus Lehm und Stroh in Blecheimern gebadet werden; Frauen stehen lachend an der Wasserpumpe und winken dem Zug. Um mich herum dampft das Fluidum dieses herrlichen Kontinents: brennendes, hartes Holz, schweißtreibende Arbeit und der heiße Atem der roten Erde. Wir fahren durch ein fast unzugängliches Gebiet und sehen Gegenden Afrikas, die den meisten verborgen bleiben.

In Tunduma an der Grenze zwischen Sambia und Tansania erklärt uns der mitreisende Historiker Nicholas Schofield, dass wir uns exakt zwischen zwei Seen des Great Rift Valley, des ostafrikanischen Grabenbruchs, befinden. In der noch kühlen Morgenluft besichtigen wir die 64 Meter tiefen Nkundalila Falls. Vor den Fenstern des klimatisierten Salonwagens zieht der Vulkangipfel des Mount Mbeye vorbei, der unseren Abstieg zum Great Rift Valley ankündigt. Wenig später taucht der Zug in ein Gebiet undurchdringlicher Kletterpflanzen und dichten Dschungels ein. Das Udzungwa-Gebirge zwingt den Zug zu noch langsamerer Fahrt durch die Tunnel, Kehren und über die Viadukte des Steilhangs.

Das Abschiedsdinner an diesem Abend ist besonders stilvoll, hat allerdings einen wehmütigen Beigeschmack. Schließlich geht unsere »Odyssee« nach 6100 Kilometern unaufhaltsam ihrem Ende entgegen. An diesem Abend bleiben die meisten bis spät in die Nacht im Aussichtswagen und genehmigen sich ein paar Gläschen mehr als zuträglich; unsere lauten Stimmen hallen über dem offenen Aussichtsdeck und verlieren sich in der Dunkelheit. Nachdem wir am nächsten Morgen das Selous-Wildschutzgebiet durchquert haben, gleiten wir in das chaotische Gewimmel des Bahnhofs von Daressalam. Eine Delegation von Honoratioren und mehrere rivalisierende Musikkapellen bereiten uns einen schmetternden Empfang – das passende Crescendo einer Reise durch Zeit, Raum und Schönheit.

Die Autoren

STEVE BARRY

COLIN BOOCOCK

GARY BUCHANAN

Steve Barrys lebenslanges Interesse an Eisenbahnen begann bereits in seiner Kindheit, die er im Süden New Jerseys verbrachte. An Sommerabenden beobachtete er häufig mit seinem Vater die Regionalzüge, die aus Camden bei Philadelphia in seine Heimatstadt Milville einfuhren. Die Wochenenden verbrachte er mit Ausflügen zur *Strasburg Rail Road* oder Fahrten mit der legendären *Iron Horse Rambles* in Reading. Nach seinem Abschluss an der Rutgers University 1979 begann Steve seine Laufbahn als Vollzeit-Eisenbahnfan (zumindest an den Wochenenden) mit der Teilnahme an der Jahrestagung der *National Railway Historical Society* (NRHS) in Washington DC. Seitdem hat er kein Treffen der NRHS ausgelassen. Später wurde er Direktor der Ortsgruppe Wilmington, Delaware, und NRHS-Vizepräsident der Region Ost.

Seit fast 20 Jahren schreibt Steve für Zeitungen der Hobbyeisenbahner. Seine journalistische Karriere begann 1983 mit einem Artikel in *Rail Classics.* Ein erster Beitrag für das *Railpace Newsmagazine* 1986 markierte den Beginn einer langen produktiven Zusammenarbeit mit dieser regionalen Zeitschrift. 1996 hängte Steve seinen Beruf als Buchhalter an den Nagel und wurde Mitherausgeber der Zeitung *Railfan & Railroad,* 1997 ihr hauptverantwortlicher Herausgeber. Als Fotograf wählte er die verschiedensten Sujets – von Straßenbahnen bis zu historischen Dampfloks und Museumsbahnen. Er selbst schätzt die Zahl seiner Bilder nach 21-jähriger Tätigkeit auf rund 10 000. Steve lebt mit seiner Frau Genie in Newton. Auch sie liebt das Eisenbahnfahren und liest den *Railfan* jeden Monat von der ersten bis zur letzten Seite.

Colin Boocock blickt auf mehr als 45 Jahre technischer Erfahrung als professioneller Eisenbahner zurück und ist auch privat ein Bahnenthusiast. Sein Interesse gilt allen erdenklichen Eisenbahnen, egal welcher Spurweite oder Traktion. Jede freie Minute (und jeden Cent) investiert er in Reisen in aller Herren Länder. Dabei legt Colin großen Wert darauf, sein umfangreiches Bildmaterial einem breiten Publikum zugänglich zu machen. So wurde er ein gefragter Autor illustrierter Zeitungsartikel und Bücher (14 Eisenbahnbücher bislang). Seine Fotos sind Zeugnisse von über 53 Jahren Eisenbahngeschichte. Noch immer reizen ihn ferne Länder und neue Ziele und wann immer es ihm möglich ist, reist er mit der Bahn. »Ein Zug ist für mich die natürlichste und entspannendste Umgebung«, so sagt er. Derzeit plant er eine Weltumrundung per Bahn – doch die Zeit ist noch nicht reif.

Geboren, aufgewachsen und wohnhaft in Schottland, begann **Gary Buchanans** Passion für Eisenbahnen bereits zu Schulzeiten, als er täglich auf dem Weg ins College die mächtige Forth Railway Bridge überquerte. Seitdem ist er auf den berühmtesten Eisenbahnstrecken der Welt zu Hause. Er reiste mit dem *Indian Pacific* quer durch Australien, schwelgte im *Bolshoi Express* in russischer Opulenz und drang an Bord der *Kupferschlucht-Bahn* bis in die entlegensten Winkel Mexikos vor.

Als in den späten 1970er-Jahren erstmals Pläne über eine Wiedergeburt des *Orient-Express* die Runde machten, begann Gary die Geschichte dieses berühmten Zuges zu erforschen. Nach einigen Fahrten mit dem *Nostalgic Istanbul Orient Express* sicherte er sich die Teilnahme an der Jungfernfahrt des *Venice*

EUGENI CASANOVA

BRUCE ELDER

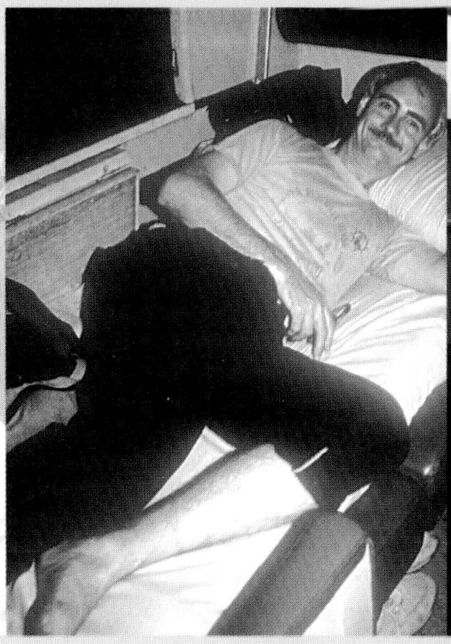

PHILIP GAME

JIM GILL

Simplon Orient Express 1982. Seither ist er mehr als 50 Mal mitgereist und gibt regelmäßig Radio- und TV-Interviews zur Historie des Zuges. Auf seinen Südostasienreisen wird er regelmäßig an Bord des *Eastern & Oriental Express* gesichtet. Garys Vorliebe gilt den aus dem goldenen Eisenbahnzeitalter wiedererstandenen Luxusreisen, gewürzt mit einem Hauch von Abenteuer. Viele Male ist er bereits mit *The Pride of Africa* von *Rovos Rail* nach Zimbabwe gefahren und natürlich auch mit der »Edwardian«-Safari nach Dassalam. Um sein eigenes Land zu sehen, bietet ihm *The Royal Scotsman* einen glamourösen Untersatz. In der britischen Presse schreibt er regelmäßig für *Sunday Express, Evening Standard, Herald* und *Sunday Times.* Er gilt als ausgewiesener Experte für luxuriöse Eisenbahnreisen.

Eugeni Casanova wurde 1958 in Katalonien geboren. Er arbeitet als Journalist und Reiseautor, wobei er häufig beide Aufgaben miteinander verbindet und als Lebensart kultiviert. Bei seinen Reisen durch alle Kontinente benutzt er bevorzugt öffentliche Verkehrsmittel und sucht dabei den Kontakt zu den Einheimischen. Als Journalist beherrscht er jedes Medium: Print, Fotografie, Radio, Fernsehen und Internet. In jüngerer Vergangenheit machte er sich auch einen Namen als Kriegsberichterstatter in Krisengebieten wie Bosnien, Kosovo, Algerien, Guatemala, Ruanda, Kurdistan, Westsahara, im Nahen Osten und Sudan.

Eisenbahnen sind eine seiner großen Leidenschaften und eine ganze Reihe berühmter Bahnreisen hat er bereits unternommen. So legte er als erster die längste mögliche Strecke zurück, eine Rundreise von Barcelona in Spanien bis nach Wladiwostok am Japanischen Meer. Er reiste quer durch Europa, dann mit der *Transsibirischen Eisenbahn* und zurück über die Seidenstraße durch China und Zentralasien. Die Erlebnisse dieser mehr als 25 000 Kilometer langen Tour hat er zu einem Buch verarbeitet. Der Titel: *An Epic Journey: The Trans-Siberian and the Silk Route By Train.* Zu seinen Publikationen zählen auch Bücher über Expeditionen durch die Sahara, über Bären in den Pyrenäen und die Feldzüge der Katalanen im Mittelalter im östlichen Mittelmeerraum.

Bruce Elder arbeit als leitender Redakteur für den *Sydney Morning Herald* und ist spezialisiert auf die Rubriken Reisen und Kultur. Zudem ist er Eigentümer und Leiter des umfassendsten Internet-Reiseauftritts in Australien: www.walkabout.com.au. Nach sieben Jahren in Europa kehrte Elder nach Australien zurück und widmete sich dem Reisen sowie der Geschichte und den Sehenswürdigkeiten seines Landes. Seit seiner Rückkehr besuchte er systematisch alle Gegenden Australiens und veröffentlichte eine Reihe von Reiseführern, darunter die New-Holland-Publikationen *Globetrotter Guide to Sydney, Globetrotter Guide to Australia, Explore Queensland* und *Touring New South Wales. Blood on the Wattle* (1988), eine Geschichte über die grausamen Tötungen der australischen Aborigines, wurde kürzlich als eines der zehn bedeutendsten Sachbücher Australiens ausgezeichnet.

Ein begeisterter Weltenbummler ist **Philip Game** seit seiner Studentenzeit in den frühen 1970er-Jahren, er kann sich sogar blass an seinen siebten Geburtstag 1959 und einen Ausflug mit der seit langem stillgelegten *Tasmanian Railway* erinnern. Als australischer Vizekonsul in den Vereinigten Arabischen Emiraten hatte er die einzigartige Gelegenheit, selbst die unbekanntesten Winkel Ostarabiens zu erkunden (leider ohne Eisenbahnen). Er arbeitete ferner als Reiseleiter in Malaysia und Thailand, wo er kleinere Gruppen begleitete, die sich per Bus, Gemeinschaftstaxi, Boot, Elefant oder – natürlich – mit dem Zug fortbewegten. Ein Forschungsstipendium seiner Frau Barbara in Pennsylvania führte die Games 1995 in die USA, wo sie ein Jahr verbrachten und herumreisten.

Die Karriere des Reiseautors Game begann mit seiner Geschichte über eine Fahrt mit der inzwischen stillgelegten *Forsayth Mixed Goods* 7A90 durch das Outback von Queensland 1992. Mittlerweile sind seine Artikel in 28 Ländern erschienen und viele unter www.globaltravel.melbourne.net/ abzurufen.

Jim Gill wurde 1957 in Bedfordshire, England, geboren. Er studierte Journalismus und arbeitete einige Jahre als freier Journalist für Zeitung, Rundfunk und Fernsehen, bevor er 1989 nach Australien auswanderte. Den Weg von London nach Nahodka legte er mit dem Zug zurück, die erste von sechs Reisen mit der *Transsibirischen & Transmongolischen Eisenbahn.* Von 1992 bis 1997 war Jim als Redakteur für *ABC* in Perth, Western Australia, tätig, danach bis zum Jahr

WALTER & CHERIE GLASER

PIERRE HOME-DOUGLAS

ANTHONY LAMBERT

PETER LEMMEY

2000 als Co-Moderator des *Breakfast Programme* (Frühstücksprogramm) für ABC-Radio. Vor kurzem verließ er den Sender, um sich ganz seiner Arbeit als freier Reiseautor zu widmen. Jim hat bereits eine Vielzahl von Reisen, vor allem mit der Eisenbahn, unternommen.

Walter und **Cherie Glaser** (walterglaser@aol.com) sind ein wetlweit erprobtes Autoren- und Fotografenteam. In ihrer Heimat »Down Under« in Melbourne, Australien, schreiben sie Artikel in den Rubriken Essen & Trinken, Reisen, Humor, Business und Abenteuer. Sie erscheinen in den unterschiedlichsten internationalen Zeitungen und Magazinen, u. a. in der *Los Angeles Times*, im *Manchester Guardian*, *Tatlar Asia* und *South Afrian Penthouse.* Anfang der 1990er-Jahre schrieb Walter viel für *Fodor's Guide to Australia.*

Cherie, die seit ihrer Zeit als Lehrerin für Sogetsu-Ikebana über ein ausgeprägtes Gespür für Farbe und Komposition verfügt, ist eine der gefragtesten Reisefotografinnen Australiens. Walter, der eine Ausbildung am Wesley College in Melbourne und an der Melbourne University genoss, begann seine Laufbahn als Angestellter in der Werbebranche, bevor er den Job aufgab, um sich ausschließlich seiner großen Liebe, dem Reisejournalismus, zu widmen. Das ganze Jahr über reist das Ehepaar rund um den Globus, doch gerne kehren Walter und Cherie Glaser in ihre Heimat zurück, wo sie das Erlebte niederschreiben.

Pierre Home-Douglas stammt aus Vancouver, British Columbia. Seit Ende der 1980er-Jahre arbeitet er als Lektor und freier Autor von Reiseberichten. Seine Artikel erscheinen in zahlreichen kanadischen und amerikanischen Zeitungen und Magazinen. Sie behandeln Themen wie Radtouren durch Vermont, Wandern in England, Segeltörns auf dem Nil oder seine Reise als 14-Jähriger von Montréal nach Florida zum Start der Apollo-11-Rakete. Er schrieb auch Beiträge über das *Kennedy Space Center, The Mall* in Washington und den *Skyline Drive* in Virginia für die Reader's-Digest-Serie *Explore America.*

Seine erste große Bahnreise unternahm Pierre im Alter von vier Jahren, als er mit seiner Mutter und seinem achtjährigen Bruder in drei Tagen von Vancouver nach Montréal fuhr. Noch heute erinnert er sich daran, als er die Tür der Toilette von innen nicht aufbekam und seine Mutter den Schaffner zu Hilfe rufen musste, der schließlich die Tür aus den Angeln hob und den Jungen befreite. Seitdem hat er unzählige Eisenbahnreisen durch Europa und die USA unternommen. Auch für die tägliche Fahrt von Dorval, einem Vorort von Montréal, wo Pierre mit seiner Frau und seinen beiden Töchtern lebt, ins Büro nach Montréal benutzt er den Zug.

Anthony Lambert hat bereits 14 Eisenbahn- und Reisebücher veröffentlicht, darunter *Switzerland by Rail* und *Explore Britain's Steam Railways.* Zudem hat er bei den Publikationen *Train Journeys of the World* und *Insight Guide to Pakistan* mitgewirkt. Seine Berichte über Eisenbahnreisen erschienen in Zeitungen und Zeitschriften wie *New York Times, Daily Telegraph, The Sunday Times, Wanderlust, Essentially America* und *World.* Er wirkte als beratender Redakteur bei der Herausgabe des neunbändigen Werkes *The World of Trains* mit und hat per Eisenbahn mehr als 40 Länder bereist.

Lambert hält ständig Vorträge über Eisenbahnen und Reisen vor unterschiedlichem Publikum, darunter auch vor der britischen *Royal Geographical Society,* deren Mitglied er ist.

Peter Lemmey, geboren in Südengland, entdeckte sein Faible für das Bahnreisen schon sehr früh an Bord des *Atlantic Coast Express.* In den 1960er-Jahren erfreuten sich in Großbritannien Familienausflüge mit der Bahn abseits der ausgetreten Pfade steigender Beliebtheit – nicht zuletzt durch Reiseautoren wie Bryan Morgan und P. B. Whitehouse, die mit ihren Texten so manchen über den Kanal lockten, um selbst auf die Reise zu gehen.

1980 folgte die erste einer ganzen Reihe von Reisen über den indischen Subkontinent, wo Lemmey bevorzugt die Nah- und Regionalzüge benutzte, um auch in die entlegenen und weniger bekannten Gegenden Indiens und Pakistans vorzudringen. In beiden Ländern profitierte er ganz besonders von der

Gastfreundschaft und bereitwilligen Unterstützung der nationalen Eisenbahnen und Behörden, die ihm die Mitfahrt auf der Lok oder in Sonderzügen erlaubten und Zugang zu den verschiedensten Einrichtungen gewährten.

Zuhause ist er ständiger freier Mitarbeiter von Reisemagazinen, die er mit Berichten über ungewöhnliche Bahnreisen versorgt. Außerdem ist der führendes Mitglied des *Grand Junction Club*, eines Dining-Club für all jene, die sich für Eisenbahnen, Essen und Wein begeistern können. Lemmey lebt im Norden von London und arbeitet in Whitehall.

Lawrence (Laurie) Marshall ist seit 1940 ein leidenschaftlicher Fan von Dampflokomotiven. Als diese 1968 in Großbritannien ausgemustert wurden, verlegte er sein Aktionsgebiet nach Indien und unternahm 25 Reisen in alle Winkel des Subkontinents. Ebenso war er in Pakistan, China, Kuba, Burma, Nordamerika und weiten Teilen Europas unterwegs.

Lawrence veröffentlichte bereits drei Bücher über die Eisenbahnen Spaniens; erst unlängst stellte er ein weiteres über seine Reisen mit Indiens Schmalspurbahnen fertig. Nach seinem Militärdienst war er in einem Eisenbahnwerk in Leeds beschäftigt. Die meiste Zeit arbeitete er allerdings für die Lloyds Bank, zuletzt im Management.

Geboren 1930 und seit elf Jahren im Ruhestand, widmet sich Marshall heute ganz dem Bücherschreiben. Außerdem fotografiert er, sammelt Eisenbahn-Memorabilien und baut funktionstüchtige Dampflokmodelle. Seine Frau Maureen begleitet ihn auf den meisten seiner Dampflokreisen.

Peter Neville-Hadley ist Autor zweier China-Führer: *China, The Silk Routes* und *Beijing*, beide erschienen bei Cadogan Guides (www.members.axion.net/~pnh/China.html). Seit 1986 reist er regelmäßig in China und hat das Land bereits mehrmals mit der Eisenbahn durchquert. In Peking arbeitete er eine Zeit lang als Herausgeber eines Magazins. Seine Berichte über China und andere Reiseziele in Asien erscheinen in verschiedenen europäischen, nordamerikanischen und asiatischen Zeitungen.

Er betreut zudem eine Internet-Mailing-Liste, die als Diskussionsforum für Reisen in China dient. Neue Mitglieder sind willkommen (Web-Adresse siehe oben).

Susan Storm ist gebürtige Pragerin – ihre erste Reise führte sie im Kinderwagen über die Karlsbrücke. Aufgewachsen ist sie zunächst in Kapstadt, Südafrika; später lebte sie in London, wo sie für das Fernsehen tätig war. Dann emigrierte Susan nach Perth in Australien und unternahm ihre ersten literarischen und fotografischen Gehversuche – eine Folge verwegener und wunderbarer fotojournalistischer Exkursionen, darunter in die Gletscherwelt im chilenischen Patagonien, zu Echsen auf Komodo Island, Heißluftballonfahrten in Canberra, Luxusbahnreisen in Afrika, Segeltörns über das Mittelmeer. Dabei pflegt sie stets regen Kontakt zu den Menschen – von Tatoo-Künstlern bis zu Staubsaugervertretern.

Susan ist praktisch immer unterwegs, die Kamera im Anschlag auf der Suche nach einer Geschichte. Ihr derzeitiges Zuhause ist Sydney, eine so faszinierende Stadt, dass sie immer wieder gern dorthin zurückkehrt.

Graham Simmons ist freischaffender Reiseautor und Fotograf mit Sitz in Melbourne. Seine Arbeiten werden – wie er sagt – zähneknirschend von einigen australischen und internationalen Zeitschriften veröffentlicht. Graham begann zu schreiben, um vor sich selbst davonzulaufen – ohne Erfolg. Er sagt, das Reisen sei eine Therapie, für die es keine Krankheit gäbe.

Graham entschloss sich nach Peru zu reisen, da es in seiner Heimat als ein Land voller Rätsel gilt. Die grausamen Geschichten über die spanischen Eroberer stehen im krassen Gegensatz zu der entspannten Lebensart der spanischen Einwanderer in Australien. Zugleich gibt es jedoch Parallelen zwischen der Begegnung und Behandlung der südamerikanischen Indianer und der der australischen Ureinwohner. Diese teils widersprüchlichen Fakten beschäftigen auch Graham Simmons.

LAWRENCE MARSHALL

PETER NEVILLE-HADLEY

SUSAN STORM

GRAHAM SIMMONS

INFORMATIONEN UND BUCHUNGSMÖGLICHKEITEN

DER CANADIAN
Tel.: +1 (888) 842 7245
Website: www.viarail.ca
Buchung in Deutschland:
Canada Reise Dienst, CRD International,
Stadthausbrücke 1–3, 20355 Hamburg
Tel.: +49 (0 40) 3 00 61 60
Fax: +49 (0 40) 30 06 16 55
Website: www.crd.de
E-Mail: info@crd.de

DER COAST STARLIGHT
The Coast Starlight Organization, Amtrak;
Tel.: 1 800 872 72 45 (nur in USA und Kanada);
Buchungen im Ausland über ein Reisebüro.
Website: www.amtrak.com

DURANGO & SILVERTON NARROW GAUGE RAILROAD UND MUSEUM
479 Main, Durango, CO 81301, USA
Tel.: +1 (970) 247 2733
Website: www.durangotrain.com

CUMBRES & TOLTEC SCENIC RAILROAD
Tel.: +1 (888) 286 2737
Website: www.cumbrestoltec.com

DIE KUPFERSCHLUCHT-BAHN
Buchung in Chihuahua:
Fax: +52 (1) 4 39 72 17
Buchung in El Fuerte:
Im Souvenirladen der Posada del Hidalgo.
Informationen:
Enrique Dominguez Leon, Commercial Manager,
Abteilung Tourismus, Ferromex, Chihuahua.
Tel./Fax: +52 (1) 4 29 3 42
E-Mail: cturismo@chihuahua.gob.mx
E-Mail: chepe@ferromex.com.mx
Website: www.coppercanyon-mexico.com

THE ROYAL SCOTSMAN
The Royal Scotsman Organization
Tel.: +44 (131) 555 1021
Website: www.royalscotsman.com
E-Mail: bookings@royalscotsman.co.uk

SETTLE-CARLISLE RAILWAY
SCRDC Office, Town Hall, Settle,
North Yorkshire, BD24 9EJ
E-Mail: info@settle-carlisle.co.uk
Tel.: +44 (1729) 82 20 07
Fax: +44 (1729) 82 20 63
Website: www.settle-carlisle.co.uk
www.settle-carlisle-railway.org.uk
Informationen auch bei:
National Rail Enquiries, UK
Tel.: +44 (8457) 48 49 50
Northern Spirit, Tel.: +44 (870) 602 3322

FLÅMSBANA
Norges Statsbaner, Oslo, Norwegen
Tel.: +47-81 50 08 88
Fax: +47-22 36 71 52
Website: www.nsb.no

CHEMIN DE FER DU VIVARAIS
Die Bahnlinie liegt im Tal des Doux und ist mit dem Auto über die Autobahn 7, Abfahrt Tain, zu erreichen. Die nächstgelegenen Bahnhöfe sind Valence und Tain-Tournon. Von dort gibt es einen Bus nach Tournon. Der Zug verkehrt von April bis November.
Tel.: +33-478 28 83 34
Fax: +33-472 00 97 67

AM RHEIN ENTLANG
Deutsche Bahn, Frankfurt/M.
Tel.: 0180 5 99 66 33
Website: www.bahn.de

GLACIER EXPRESS
Buchungen in Deutschland:
Schweiz Tourismus, Postfach 16 07 54,
60070 Frankfurt a. M.
Tel.: 00800 10 02 00 30 (gratis)
Fax: 00800 10 02 00 31 (gratis)
E-Mail: res.de@switzerlandtourism.ch
Website: www.MySwitzerland.com

AL ANDALUS
Tel.: +34-915 71 66 92
Fax: +34-915 71 74 82
E-Mail: alandalus@alandalusexpreso.com
Website: www.alandalusexpreso.com
Buchung in Deutschland:
DER TOUR FRANKFURT, Dino Steinkamp,
Emil-von-Behring-Str. 6, 6000 Frankfurt a. M.
Tel.: +49 (0 69) 95 88 33 55
Fax: +49 (0 69) 95 88 55 22
E-Mail: dino.steinkamp@dertour.de

EL TRANSCANTÁBRICO
Tel.: +34-914 53 38 06
Fax: +34-914 53 38 24
E-Mail: transcantabrico@feve.es
Website: www.transcantabrico@feve.es

VENICE SIMPLON ORIENT EXPRESS
Venice Simplon Orient Express, London, UK
Tel.: +44 (20) 78 05 50 60
Fax: +44 (20) 78 05 59 08
Website: www.orient-express.com
Buchung in Deutschland:
Venice Simplon Orient Express,
Sachsenring 85, 50667 Köln
Tel.: +49 (02 21) 3 38 03 00
Fax: +49 (02 21) 3 38 03 33
E-Mail: reserv.germany@orient-express.com
Website: www.orient-expresstrains.com

TRANSMONGOLISCHE & TRANSSIBIRISCHE EISENBAHN
Website:www.transsib.net
www.russland-tour.com
Buchung in Deutschland:
Travel Service Asia Reisen, Thomas Fischer,
Schmelzweg 10, 88400 Biberach/Riß
Tel.: +49 (0 73 51) 37 32 10 / 37 32 77
Fax: +49 (0 73 51) 37 32 11
E-Mail: TSA-Reisen@t-online.de

KHYBER-BAHN
Lahore – Peshawar:
PR Headquarters Booking and Reservation Office,
Pakistan Railways, Lahore.
Peshawar – Khyber-Pass:
Sehrai Travel & Tours, 12 Saddar Road (gegenüber dem Green's Hotel), Peshawar, Pakistan
Tel.: +92 (91) 27 20 84
Fax: +92 (91) 27 20 85
E-Mail: sehrai@psh.brain.net.pk

DARJEELING-BAHN
Reservierungen:
International Tourist Bureau, New Delhi Railway Station, New Delhi, Indien
Tel.: +91 (11) 3 40 51 56, 3 34 68 04
Fax: +91 (11) 3 34 30 50
E-Mail: itbnrind@nda.vsnl.net.in

ROYAL ORIENT EXPRESS
Reservierungen:
Central Reservation Office, New Delhi, Indien
Tel.: +91 (11) 3 34 46 80/1
Website: www.indianrail.gov.in

EASTERN & ORIENTAL EXPRESS
Website: www.orient-express.com
Reiseveranstalter in Deutschland:
Á la carte Reisen, Ruppertshainer Straße 2A,
61440 Oberursel
Tel.: +49 (0 61 71) 63 12 15
Fax: +49 (0 61 71) 63 12 17
E-Mail: kontakt@alacarte-reisen.com

PEKING–HANOI
In Peking:
Beijing Jingte International Travel Services Co.
Mit dem Rücken zum West-Bahnhof gehen Sie nach rechts an dem Bahnhofsgebäude entlang bis zur Zweigstelle der Construction Bank Of China. Die Bank ist täglich von 9 bis 17 Uhr geöffnet. Es ist ratsam, die Buchung samt Passnummer telefonisch anzumelden. Allerdings wird kein Englisch gesprochen. Fragen Sie an Ihrer Hotelrezeption nach Informationen.
Tel.: +86 (10) 63 98 94 85,
oder +86 (10) 63 21 65 41 (auch Fax)
In Hanoi:
Am Hauptbahnhof.

THE GHAN
Innerhalb Australiens: Tel.: 13 21 47
Außerhalb Australiens: Tel.: +61 (8) 82 13 45 92
Fax: +61 (8) 82 13 44 90
E-Mail: salesagent@gsr.com.au
Website: www.gsr.com.au/index.htm

THE INDIAN PACIFIC
Adelaide, Australia
Tel.: +61 (8) 82 13 44 44
Fax: +61 (8) 82 13 44 80
Website: www.passengerrail.gsr.com.au
www.gsr.com.au

THE TRANZALPINE
Innerhalb Neuseelands:
Tel.: 0800 802 802 (gratis)
Fax: 0800 101 525 (gratis)
Außerhalb Neuseelands:
Tel.: +64 (4) 4 98 33 03
Fax: +64 (4) 4 98 30 90
E-Mail: passengerservices@tranzrail.co.nz
Website: www.tranzrailtravel.co.nz

THE BLUE TRAIN
Tel.: +27 (12) 3 34 84 59 oder
0800 11 77 15 (gratis, nur innerhalb Südafrikas)
Fax: +27 (12) 334 8464
E-Mail: bluetrain@transnet.co.za
Website: www.bluetrain.co.za

THE PRIDE OF AFRICA
Rovos Rail Head Office, South Africa
Tel.: +27 (12) 3 23 60 52
Fax: +27 (12) 3 23 08 43
E-Mail: reservations@rovos.co.za
Website: www.rovos.co.za

OBEN: *Eine Nahaufnahme vom Schornstein der Lokomotive Nr. 476 der »Durango & Silverton Narrow Gauge Railroad«.*
GEGENÜBER: *Der »Eastern & Oriental Express« schlängelt sich durch eine exotische Landschaft in Thailand.*

REGISTER

Fette Ziffern verweisen auf Abbildungen im Buch

BILDNACHWEIS

Aitchison, John & Mary Lou: 88
Al Andalus: 75
Barry, Steve: 19, 30
Boocock, Colin: 6–7, 56, 63–69, 78–82, 89,
Bridgeman Art Library: Vorsatz
Buddy Mays/Travel Stock: 62
Casanova, Eugeni: 70–74, 76–77, 92 links oben, 92 links unten, 93 rechts oben, 95
Corbis Images 8–11
Crossley, Liz: 147
Cubitt, Gerald: 112, 115,
Eastern & Oriental Express Company: 156
Game, Philip: 34–37, 117, 122–123, 129, 131
Gill, Jim: 93 links oben, 94,
Glaser, Walter & Cherie: 104–109
Great Southern Railways: 128, 130, 132, 134
Lambert, Anthony: 14–15, 20, 28–29, 31–33, 38–42, 157
Lemmey, Peter: 2, 12, 58–61, 87, 96–99
Mertz, Peter: 5, 16, 18, 21–23, 44–45, 84–85
Neville-Hadley, Peter: 118–121, 124–125,
Photo Access Photographic Library: 90
Rogers, David: 140–141, 143
Rovos Rail: 146, 148–151
Savio, Tom: 17, 24–27, 46–49, 110–111, 114, 116,
Simmons, Graham: 43
Storm, Susan: 133, 137, 142, 144–145
Tickner, John: 50–52, 101–103
Wall, David: 126–127, 136, 139
Wild, Alan: 54–55, 57

DANKSAGUNG

Dank gebührt Malcolm Andrews von VIA Rail für seine Großzügigkeit, Pierre Home-Douglas eine Freifahrt mit dem »Canadian« zu ermöglichen. Unser Dank gilt ferner allen Autoren für ihre geduldige Beantwortung unserer vielen Anfragen, ganz besonders Tom Savio, dem Eisenbahnbaron, der uns mit seinem Erfahrungsschatz und nicht zuletzt mit seinem unerschütterlichen Humor eine große Hilfe war.